なるほど！育じい道

お医者さんが実践している
孫育て術

大阪樟蔭女子大学教授
石蔵文信

講談社

はじめに

「保育園落ちた日本死ね！」

この本の前書きを書いていたところに、今春に保育園に入園できなかった母親の悲痛な叫び「保育園落ちた日本死ね」が飛び込んできました。政府は女性に活躍してもらって日本の経済を立て直したい方針のようですが、保育園に気楽に入園できない状況では、活躍するどころではありません。無理なのです。その心情が「日本死ね」に端的にあらわされています。

30年以上前に、私も同じ経験をしました。私たち夫婦は共に医師として働きながら娘を育てるために、長女を認可外保育施設に入れて、何とかしのいだことが思い出されます。「認可外」というと聞こえが悪いですが、職員の方は熱心でいろいろと助けていただきました（設備基準が満たされていなかったり、補助金が十分ではなかったりするという意味で「認可外」なのです）。

今は、保育園の数は確実に増えているのですが、入園を希望する人がそれ以上に増えて待機児童が減らないのが現状です。なぜなら、「子どもを預けることができれば働きたい」という親が潜在的にかなりいるからです。例えば、待機児童が2000人いて、それを収容できるだけの保育園を作ったとしても、翌年に待機児童がゼロにはなりません。保育園に入りやすくなったことを知り、今までは就労をあきらめていた親が申し込もうとするからです。

保育士の人材不足も深刻です。待遇があまりにも悪いので、せっかく就職しても数年で離職したり、保育士の資格を持っていても給料のよい一般企業を目指す学生が多かったりするようです。このように、保育園の増設と保育士の待遇改善は急務です。私は、仕事をしている、いないにかかわらず子どもの保育園を義務教育化すれば、審査や申し込みなどに心配がなくなると考えています（詳しくは後ほど）。各学校に幼稚園や保育園を併設して、ほとんどの子どもを社会の監視下に置けば待機児童と虐待の問題は解決するでしょう。しかし、この構想は費用と人材確保が問題となります。そこで期待されるのが、この本のテーマになる「育じい」なのです。

祖母の〝孫疲れ〟の陰に「夫源病」

保育園の整備が遅れている現状を受け、行政では、とりあえず祖父母に孫の世話をしてもらうことを提案しています。3世代住宅や祖父母の近くに住む家庭に補助金を出している自治体もあります。これについては、恵まれた人たちだけが恩恵を得られるのではないかという意見があるようです。

祖父母が面倒をみるといっても、歳をとった体で活発な孫の世話をするのはきつい。私は56歳くらいから長女の娘＝孫の世話をしていますが、「まだ50代」といっても、孫の世話では体力をかなり消耗します。世の祖父母の方々の平均とされる65歳前後なら、孫の世話をするのは本当に大変だろうと想像がつきます。最近では、孫の世話を押しつけられて疲れ果てていることを、〝孫疲れ〟と呼ぶそうです。

さて、〝孫疲れ〟しているのは誰なのでしょうか？　おそらく祖父はあまり戦力にならないため、孫の面倒をみるのは、どうしても祖母が中心になります。しかし、祖母は孫を育てることだけに疲れていると思いますか？

孫ができる頃は夫が定年を迎える、または定年で家にいる時期と重なります。孫がいてもいなくても、一日中家にいて「お茶」「新聞」「飯」と呼びつける夫の存在に妻は参っているに違いありません。そのような夫の存在で、妻が体調を崩すことを私は「夫源病《ふげんびょう》」と名づけました。定年後の男性が妻に依存してしまうことが原因となって、妻の具合が悪くなる症例をこう呼ぶことで、中高年の女性からは圧倒的な支持をいただきましたが、同年代の男性からはかなりのひんしゅくを買いました。

特にサラリーマンの妻は、朝食を食べてから遅い夕食まで夫の存在を意識せず自由時間を謳歌《おうか》していたのが、夫の定年後は一転して朝夕の食事に加えて、昼ごはんも用意しなくてはならなくなります。さらに自由時間がなくなり、常に夫から行動を監視されることで、妻がうつ状態になることを「昼食うつ」と呼びます。退職して家にいる夫の面倒をみるだけでも大変なのに、そこに孫の世話がかぶってくると疲れるのは当然のこと。〝孫疲れ〟の原因の一端は、実は夫の存在にあることがわかってきました。

祖父・祖母の家事や子育て能力を簡単に表にまとめました（左ページ）。男性が現役時代はこのような表で能力を評価されていたに違いありません。ここでは今までの経済的な貢献はさておいて、家事や子育ての能力だけを考えてみます。

一般的な中高年の女性の能力を１００点満点中80点とします（年齢を重ねたことを考慮して１００から20点を差し引き80点としています）。問題は祖母の能力ではなく、そのパートナーの祖父の能力です。全く何もできない、いわゆる〝自立〟ができていない依存夫だと、妻の足を引っ張るのでマイナス30点となり、祖父母としての総合力は妻80点－夫30点＝50点に落ちるだけでなく、祖母の夫源病の原因にもなります。

祖父が孫の世話ができなくても、最低限自分のことは自分でできるようになれば、少なくともマイナスにはならない（プラス10点）ので、祖母がある程度余裕

夫婦の家事力

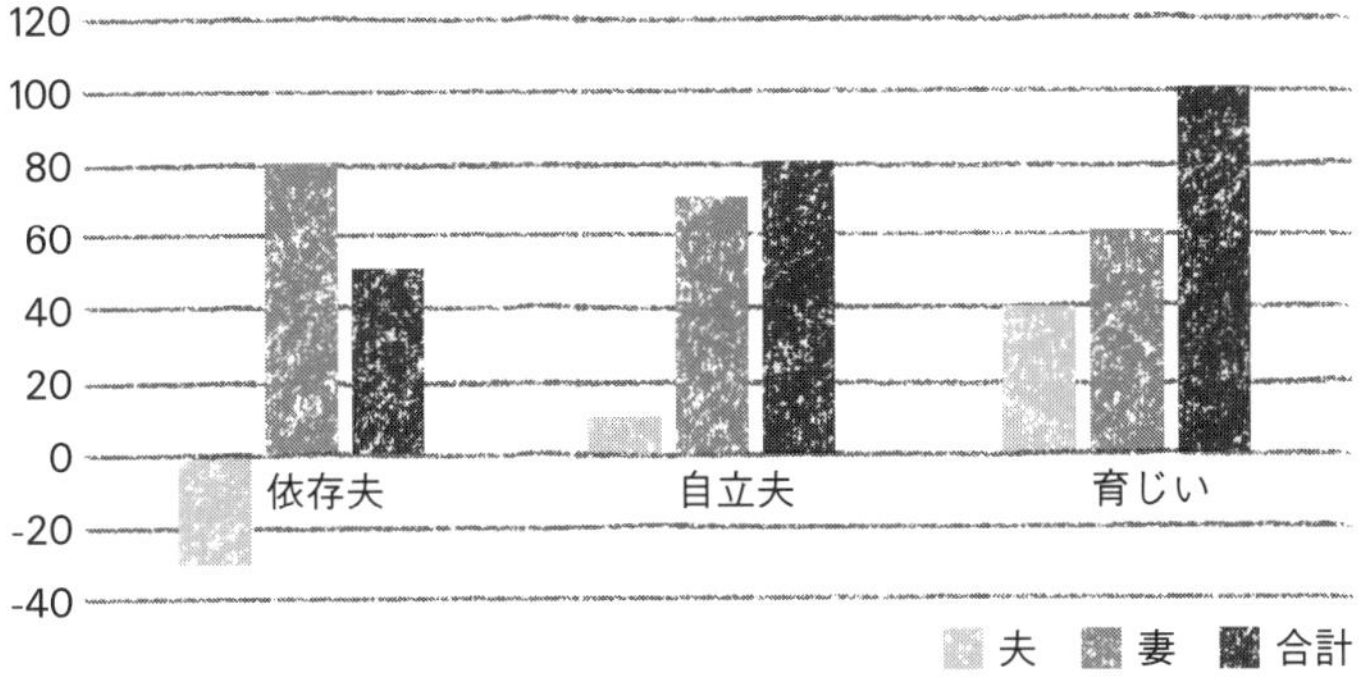

をもって（70点くらい）孫に関わることができます。このときの総合力は80点。

祖父が自分のことだけでなく、ある程度孫の世話ができるようになれば、プラス40点くらいになり、祖母はかなり余裕（60点）ができ、しかも総合力は100点くらいになります。祖父が一日ひとりで孫の面倒をみられれば60点！　それだけできれば立派です。このように、祖母が限界までがんばるよりも、少しでも祖父が孫育てに協力できるようになれば、祖母の〝孫疲れ〟も軽くなるに違いありません。祖父が孫育ての基本を覚えて実践することはとても重要なことなのです。

目次

第二章　育じいの赤ちゃん記録

第三章

育児がじいさんを救う

第四章

子育てをするパパとママへ

※本書では、児童福祉法上「保育所」とされている施設、「認可外保育施設」等、子どもを預かる施設について、「保育園」と表記しております（一部例外もあり）。区市町村により「保育所」「保育園」の区別に違いがあり、その表記の判断はむずかしく、著者と相談のうえ「保育園」といたしました。

第一章

育じい奮闘す

じいさんは子世代の貴重な労働力

私は世間でいうところのアラカン（アラウンド還暦）男性、孫育て真っ最中の育じい＝育児を担うじいさんです。

本業は循環器内科が専門の医師ですが、縁あって始めた「男性更年期外来」で男性うつの心療内科的な治療を行ううちに、定年後の男性が妻に依存してしまうことが原因となって奥様の体調が悪くなる症例を数々見てきました。それを「夫源病」と名づけ、妻の健康のために、ひいては夫婦円満のため（熟年離婚をされないために！）、夫は最低限の家事力を身につけたほうがいいと提唱しています。

その一環として中高年男性のための料理教室を始めたところ、おかげさまでこれが大盛況。私が提案しているのは、調理して食卓に運んでそのまま食べられる1人用の小さな土鍋を使い、調味料1種で作る「男のええ加減料理」です。「妻にはふるまわない」「調理から最後の後片づけまでをひとりで行う」など、独自のルールを作り、教室では各自が自分の分だけを作って食べて後片づけするスタイルにしたのが大いにウケたようです。ついには土鍋を使った料理本『60歳からの超入門書　男のええ加減料理』（講談社）を出版するに至りました。

今では、私のことを医師ではなく料理研究家だと思っている人も少なくないかもしれません。

そんな私が実体験をもとに、中高年の男性にすすめたいと考えているのが育児です。少子化の今、女性が働きやすい環境づくりは日本社会の何よりの急務。仕事や家事に手が回らない娘や息子夫婦を手伝って、「定年後うつ」の予備軍である中高年のじいさんたちが育児に参加すれば、やりがいが生まれ、うつの防止どころかイキイキしだします。役割を持ったじいさんは妻にまとわりつくこともなくなり自立し、夫源病の予防にもなり、妻は喜び、社会にも貢献できて、まさにいいことずくめ。なにより子育てと仕事の両立になみなみならぬストレスを抱える、働くママたちにとって、じいさん世代は貴重な労働力となりうる頼もしい存在なのです。

「しかし、子育てすらあまりしてこなかった自分に孫育てができるのでしょうか？」

そんな疑問の声が聞こえてきそうですね。私は診療の現場で、夫がどう子育てに関わるかが後々の夫婦関係に大きく影響を及ぼすことを見てきたし、世の働くママたちが抱えている子育てによるストレスがいかに大きいかを、自分で体験してみて初めて理解できました。

正直、育児はとにかく大変です。

誰にとってもただただ苦しい育児ならば、私は〝ええ加減〟にしてもいいと思っています。ましてや仕事を抱えるママならなおさらです。子育ては人生最大の重労働なのだから、しんどいのは当たり前。できるだけ合理的で楽な考え方や方法を模索すればいい。そう思えば、悩みも少しは軽減されるはずだし、周囲も何をどう手伝えばいいのか見えてくるでしょう。

育児は人生の難関ではありますが、私が料理教室で得た信念「家事は簡単が一番！」と同様、育児も必要以上にむずかしく考えることはありません。子育て世代の最強の助っ人であるという自覚を持ち、ツボを押さえて実務は楽に、肩ひじ張らずにやればいいんです。

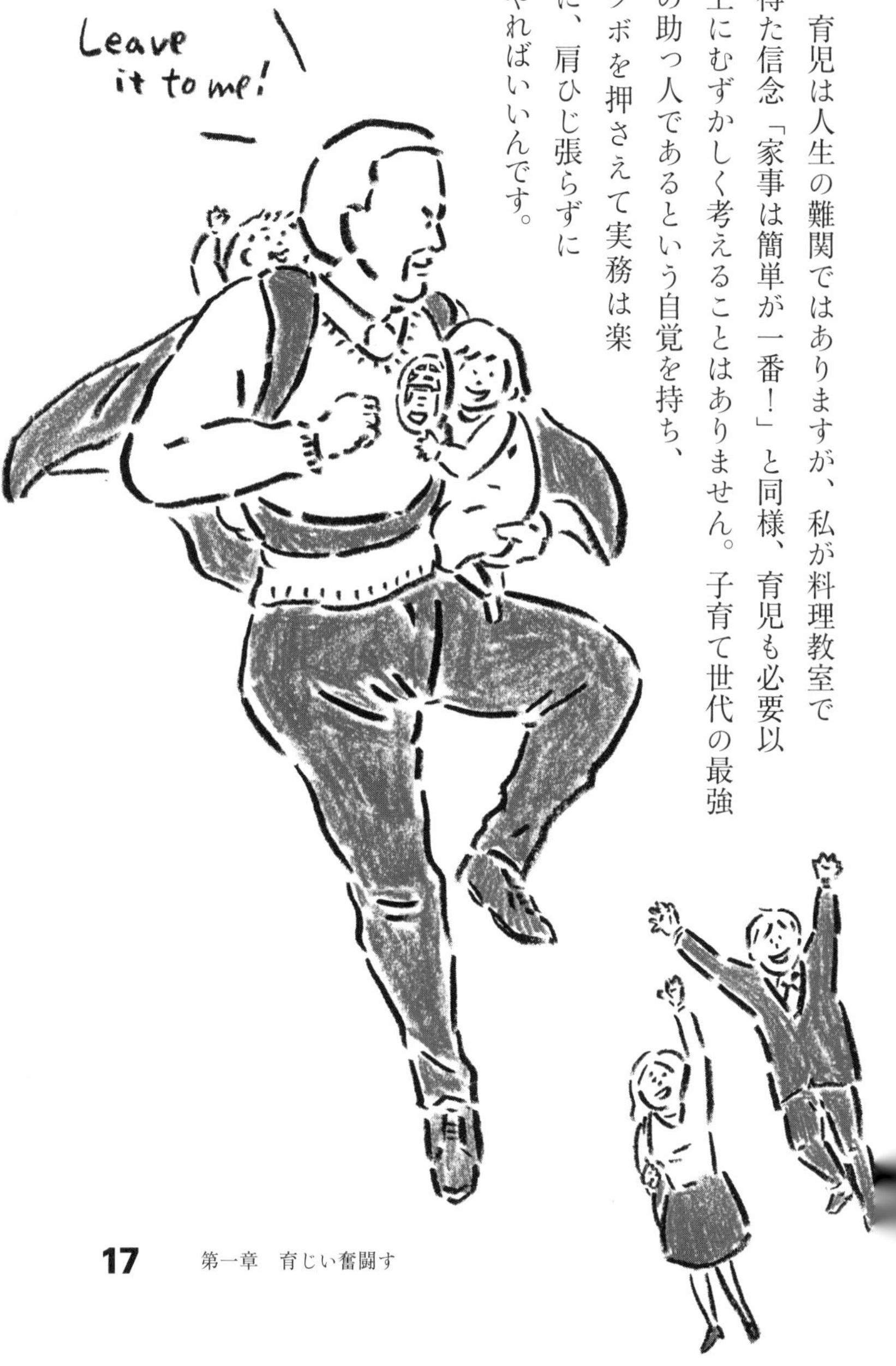

私が育じいになったわけ

——孫のためではなく、子どものために……

循環器内科が専門の医師である私は男性更年期外来を始めて以降、救急の現場からは離れていますが、若いときは24時間態勢で働いていました。そんな私が孫育てを始めたのはなぜか？　その経緯について少しお話しします。

私と妻は医学部の先輩・後輩の間柄で学生結婚をしました。まもなく妻は妊娠し翌年に長女を出産、卒業後の研修時期に次女、その後に三女が誕生し、青春を謳歌する暇もなく3児の母となりました。妻は幼い長女を抱っこしながら勉強に励み、医師の国家試験に一発で合格。次女・三女を医師の研修中や常勤中に産みましたが、ほとんど産休もとらずに復帰を果たしました。我が妻ながら、スーパーウーマンです。

一方の私はというと、循環器内科で修業中の身であり、子育てはほぼ妻にまかせきり。何もしなかったわけではないのですが、その頃は仕事をするので精いっぱい。子育てを手伝ってはいたものの、手抜き、つまりは〝ええ加減〟でした。もっぱら妻の努力もあり、ええ加減でも子どもはそれなりに育ってくれました。

月日が流れ、歴史は繰り返すと言いますか、医学部に進学した長女が大学5年生のときに突然「先輩と結婚したい」と言いだしました。思わず私は「学生結婚するつもりか？」と口を滑らしそうになりましたが、自分が学生結婚して生まれたのが、ほかならぬ目の前にいる長女です。反対するわけにもいかず、「勉強がんばってね！」と言うしかありませんでした。

長女は結婚後に妊娠し、国家試験には8ヵ月のお腹で臨みました。合格後、研修が始まるとすぐに出産・産休に突入。医師の研修は昔に比べて随分と楽になっていますが、それでも時間は不規則、当直も必須です。とても娘夫婦だけでは育児に手が足りず、産休明けから、私と妻でバックアップ態勢をとらざるを得なくなりました。

娘夫婦と私たち夫婦4人態勢で、最初の孫の世話にも慣れ、やっと落ち着いてきたと思った頃、さらに娘は第2子を出産。私は今(2016年現在)、5歳と2歳の孫娘の世話に、追いまくられる日々を送っています。

さすがに今回は娘夫婦とシェアしての子(孫)育てなので心にゆとりがあるせいか、かつて見えていなかったものがいろいろと見えてきました。

約30年前に3人の娘を育ててわかったことを思い起こしつつ、孫で確認しながら、なるべく要領のよい方法で取り組んでいます。

子育ては苦労があるものの、興味深い現象があり、案外面白いものです。

「育じい」は確実に増えている

孫育てには娘（または嫁）の母親＝祖母が関わるより、父親＝祖父が関わったほうがうまくいく、というのが私の持論です。

母親だとついつい「こうしたら」と口を出してしまい、娘（または嫁）と対立して、関係がギクシャクしがちです。これが父親だと、実の娘も嫁も基本的にはかわいいと思っているので、つい甘くなって言うことをきいてしまいます。娘も嫁も父親だと、うまく乗せれば動いてくれるので、お願いしやすいようです。

また、母親は子育てを十分に経験してきているので、本音ではうんざりしている人が多いというのが実情です。ですから、父親が自立し、ある程度ひとりで孫の面倒をみることができるようになれば、母親の負担はかなり軽減されます。

最近では、保育園のお迎えに祖母が来ているのをよく見かけます。次に多いのが祖母と祖父のコンビ。その次は祖父だけ。私が若い頃は、保育園の送迎をする祖父は、ほとんどいませんでした。データはありませんが、時折顔見知りの祖父の方々と世間話をしていると、育じいは確実に増えてきていると肌で感じています。

パパが保育園まで送ってくることも昔に比べて増えています。私が一緒になるのは、自営業らしい自由な服装のパパが多いのですが、スーツ姿のサラリーマンはもっと朝早くに送りに来ているのでしょう。

孫を育てるのは負担がかかるけれど、いないとなればさみしいものなのかもしれません。周りに話を聞いてみると、子ども夫婦が一年に数回しか孫を連れてこないというケースも多いよう。そうなると孫はなかなかなついてくれません。夫婦の実家が両方近かったら、週のうち3日ずつ行き来すればいいようなものですが、そうバランスよくできているケースはまれでしょう。「孫の面倒を毎日みてへとへと」か「年に数回しか会えずさみしい」か、この両極端などちらか。各家庭にさまざまな事情はあるでしょうが、もし孫の世話ができるのならば、育じいとして子ども世代をぜひ助けてあげてください。

「育じい」は今すぐ始められる社会貢献

講演会などで私はいつも、「次の世代のために何かしましょう」とお話ししています。「人は自分を中心に物事を考えると死ににくい」と思うのです。生物は次の世代を育てるのが一番の目的です。それだけが人生の目的だとは明言しませんが、生物学的には子どもを残すことを最優先にしているようです。

子どもがいなくても次の世代へとバトンを渡すつもりで社会貢献をすれば、自分の人生をしまいやすくなります。逆に、自分を中心に考えていると死ににくい。なぜなら、次に何も残せないから。こうした意味からも、自分が老いていく前に次の世代を育てていくことの意味は大きいと考えています。これもいわゆる「終活」です。

すべての大人に、子どもも時代があったのに、3歳くらいまでの記憶はほとんどありません。子育てをすることによって、まるでジグソーパズルの最後のピースを埋めるように、自分の抜けた記憶を補填することにより、「終活」がやりやすくなるのではないでしょうか？

暇とまだ体力のある60～70代のじいさんたち。定年したあと、家の中では自分のことが何もできず（何もしない場合も）、自立できなくて奥さんや社会のお荷物になっているのが夫源病の原因となる男性です。一般的に60歳以降はリタイアしているか、ある程度は暇になっている世代。やりたいことを見つけられる人はいいのですが、そのまま何もしないと、どんどん不健康になり、精神的にもやる気をなくして、うつになる。そうならないように彼らが子育て世代のサポートをして、「社会的な活動をしましょう」「まずは一番身近にいる孫の面倒をみましょう」というのが私の提案です。

ずっと家にいて何もせずうっとうしがられ、ただただマイナスになっている状態から、子育てのサポートに回ってプラスに転じたら、自分自身の自立にも役立ちます。そうした「育じい」が100人でき、1000人でき、1万人でき、どんどん増えていったら世の中が変わります。

育じいは即、次世代のサポートにつながる、有意義な行動です。

今、子ども世代が子育てに四苦八苦しているところに、ほんの少しだけ介入してみてください。ただし、くれぐれも、自己満足の〝やりすぎ育児〟は、子世代に嫌われるのでしないように。「口は出さずに、手を貸そう」。主導権はあくまで子世代。目指すは「スーパーサブ」。秀逸なサポートこそ、育じいの進むべき道なのです。

「孫の世話くらい」とあなどるべからず

育じい現在進行中の私ですが、医師として、大学教授として、時には料理教室の講師として、今も現役で働いています。自分でスケジュールが組める立場なので、フレキシブルに育児の時間を確保していますが、決して暇をもてあましているわけではありません。「育じい」を提唱する立場として、いろんな実務をきちんとこなしたうえで「それでも育児はできる」ということを、自ら実践しなくてはと肝に銘じています。

実際のところ、仕事を抱えながらの育児はそれなりにハードです。責任もありますし、「孫がかわいい」という気持ちだけで育じいは務まりません。正直に言うと、孫がかわいいと思うのは2割程度で、あとは「ああ、もう、なんでそんなことするねん」とか……。育じいはいろいろと大変です。

仕事のほかに地域の活動やボランティア、趣味など自分のことと育児を両立させるためには、どちらも常に集中して取り組むことが大切。「孫の世話くらい」となどっていると、両方とも無茶苦茶になってしまいます。

私はいったん孫を保育園に預けたら、モードを切り替えて育児のことは忘れ、自分がするべきことに集中します。どちらも、いかに中身を充実できるかを考えていくうちに、合理的なアイデアが生まれてきます。

ところが、そんなふうに「よし！」と思ってやっていても、うまくいかないのが子どもの急病。仕事や用事をぎりぎりでこなしていたら、急病のときにはどうにもなりません。予定がずれ込んで破綻《はたん》してしまう。何か突発的なことが起こったときに、にっちもさっちもいかなくならないように、常に1〜2割は余力を残しておくことが大切だと思います。

柔軟に集中して取り組む。このさじ加減がなかなかむずかしいと思いますが、やっているうちにいいバランスがわかるようになります。

送り迎えはじいさんにおまかせを

我が家では、保育園に通う孫娘2人を送っていくのは、ほぼ私の役目です。土曜日だけは娘夫婦にまかせていますが、大学で1限目の授業を担当している曜日以外の平日は、おおむね私が送っていきます。

朝7時すぎ、パジャマ姿の孫を娘婿が連れてきます。妻が着替えさせて朝食を食べさせたあと、私が孫たちの手を引いて、保育園へと連れていきます。

今朝は月曜日で、保育園は布団の取り替え日でした。下の孫娘はキティちゃんの布団が大のお気に入り。それを自分で持つと言ってきかないので、仕方がないから持たせてやりました。大きな布団を2歳の子が持てるはずもなく、引きずっていくのを私は後からついて持ってやるわけです。自分で持つより余計に手間がかかりますが、子どもが自分でやりたいことを遮ってはいけないので手を貸します。なんとも時間がかかることです。

夕方のお迎えに行くのも70％以上が私たち夫婦です。月に一度、私が自分のスケジュールを妻に提出し、送りに行ける日、迎えに行ける日、送り迎えが無理な日、その他泊まりの日や講演会で遠方に出ている日などを○×で書き込んでおきます。できるだけ夕方6〜8時の間はあけておきたいので、外来の診察時間も極力この時間帯は外すことにしていますが、都合がつかない日は妻の時間を調整してもらいます。

夕方6時頃に娘からＬＩＮＥのメッセージが入ります。

娘「今日行ける？」

私「行ける」

娘「お願い。急患が入った」

というやりとりのあと、私が迎えに出かけます。

その他にも、「雨が降っているから」「寒いから」となると、私の出番。車で迎えに行きます。基本的には娘が迎えに行くことになっているにもかかわらず、男親はこういうところが娘に甘い。妻は「そこまでするの？」と渋い顔をしますが、ついつい私は「時間もあるし、まぁええやん」とお迎えを引き受け、結局はほとんど私の役割になっています。

保育園から孫娘を連れて帰ってくると、妻が夕ごはんの支度をしてくれているので、孫とごはんをいただきます。娘が帰ってきたらパジャマ姿の孫たちを連れて帰ります。

私の救急病院勤務医時代、最も困ったのは急患でした。患者さんの容態によって終

わりの時間が読めないのがとにかく困る。でもお迎えの時間は刻々と迫ってきます。「周りに迷惑をかけたらどうしよう」「お迎えの時間に必ず行かねば」というプレッシャーは相当なものでした。

働くママたちはそこが大変だとお察しします。クライアントがあったらそちらに合わせないといけないでしょうし、急な仕事が差し込んでくるのを振り払って帰るのは、勇気と度胸がいることでしょう。知り合いの働くママさんは、何かに足止めされてお迎え時間に保育園に行けない夢をよく見ると言っていました。

今の私は自分の時間が組めるのでお迎えにも行きやすいけれど、20代、30代だとそうはいかないのが現実です。

そんなときこそ育じいの出番。たとえ頻繁にお迎えに行けなくても、「いざとなったら、よろしく」と頼める助っ人がいるという安心感だけで、ママたちのお迎えストレスはずいぶん軽減されるはずです。

3時間ひとりでみられたら一人前

育じいとしてまず目指すのは、「ひとりで子どもの世話を3時間できるようになる」ことです。

3時間は短いようで長い。この間に赤ちゃんなら食事、おしっこ、うんち、睡眠と、毎日繰り返すひととおりのことが起こります。ミルク、おむつ交換、寝かしつけは最低限、お風呂もひとりで入れることができれば上出来です。母乳で育てているママの授乳間隔も、ほぼ同じ。この3時間＝1クールを乗り越えられるようになれば、ミルクと併用して6時間、そして一日、という具合に徐々に時間を長くしていけるでしょう。大事なのは「すべてひとりで」ということ。

あるテレビ番組で、若い夫婦の子育ての様子を放送していました。パパが「しばらく赤ちゃんの面倒をみる」と豪語し、「ママは別室で休憩してね」、という内容。ところがそうはいきません。

パパは赤ちゃんのおしっこのおむつ交換はできるのですが、うんちとなるとお手上げ。つい「ママー」と叫ぶ。赤ちゃんが機嫌よく遊んでいるうちはいいのですが、ぐずって泣きだすとどうしようもなくなり、また「ママー」と叫ぶ。何かあるたびに呼ばれるママ……。こんな状態ではくつろぐことなどできず、心身ともに休まる暇がありません。「いっそ、外出すればいいのに」と私は見ていて思いました。

一人ひとりが育児スキルを身につけておけば、交代で育児に当たれます。その間にお疲れのママには完全に休んでもらいたい。赤ちゃんがいるママは24時間態勢で面倒をみていていつもへとへとだからです。じいさん、ばあさん、パパと育児ができる交代要員は多いほど助かります。

我が家では時々「お父さん、子どもを2~3時間預かって」と、娘が妻と買い物に出かけます。といっても、言葉どおりに2~3時間で帰ってきたためしはありません。「5~6時間で戻ってきたらラッキー」と思って孫2人を預かります。その間、よほど大変なことが起こらない限り娘に連絡はしません。

3～6時間ひとりで面倒をみる育児スキルと忍耐を身につけているので、帰ってきた娘や妻から「大丈夫だった？」「何をしていたの？」と問われることもありません。娘たちがそれだけゆっくり気晴らしができるのは、安心してまかせられる〝一人前の育じい〟だと、信頼してくれているからなのでしょう（と、思うようにしています）。

「遊んであげる」のではなく一緒になって遊ぶ

子どもと一緒に遊ぶとき、大人が子どもを遊ばせてあげようなどとは思わないほうがうまくいくようです。

「喜ぶかな」と、大人目線で選んだ高価な玩具を与えてみても、子どもは説明書に書いてある正式な遊び方はしてくれません。「どうするのだろう」と、好きなようにさせておくと、こちらがびっくりするような方法を見つけて遊んでいます。

そばで見ていて「こんなんで何が面白いんだろうか」と思うときもあります。正しいルールでの遊び方を教えたくなりますが、そこは我慢。「それなら、こうすれば面白いかも」と展開していくと、「これは好きなんだ」とか「これは滑ったな」とか、その反応で自分も楽しくなってきます。コツは子どもと同じ目線で一緒に遊ぶこと。ルールどおりの遊び方を教えるよりも、その子が遊ぶルールの中に自分が入っていくという発想の転換が大切です。

うちの孫たちは「だるまさんが転んだ」が好きなのですが、一般的なルールがよくわかっていないのか、それともわざとなのか「だーるまさんが転んだ」のところで止まってくれません。そのまま、ノンストップでワーッと走り続け、私が「だるまさんが転んだ」と言うたびに2人とも大喜びです。ほぼ意味のないオリジナルルールの遊びになっていますが、走り回ってキャーキャー言って、子どもたちのテンションは最高潮。本当に楽しそうにしているので、もう、子どもルールでいいかと思っています。

「いないいないばあ」も子どもが笑うこと必至。昔からある遊びですが、とにかく、いつまでやるのかと思うくらいにつき合わされます。仕事で嫌なことがあっても「いないいないばあ」を20~30回しているうちに忘れてしまうのですから、子どものパワーは恐るべし、です。

他にも、絵本を読んであげると、気にいったページ以外は次々と自分でめくって、ほぼ飛ばし読み。絵もメインじゃないところばかりを見て、こちらが気づきもしないようなすみっこを「ここ面白い」と何度もリピートしたり。私たち大人とは全く笑いのツボが違うのは確かです。

大人があれこれ考えないほうがいいようです。子どもの遊びに参加するイメージで、細かいことなど気にせず、笑って体を動かすことが、いいリラックス法になります。

時には割り切って気楽にいくべし

何事にもていねいで、きちんとした暮らしは素晴らしいです。ただし、子育てというハードワークの最中ならば、完璧にできなくて当たり前、それで全く問題ないと思います。

私は孫をお風呂に入れるとき、出てくるまでの時間は正味10分もかかりません。2人の髪を洗って、体を洗って、湯船につけるまでが1~2分。最近は孫たちがお風呂で遊んで長くなることもありますが、だいたいがカラスの行水で、すみずみまできれいに洗わなくても、「汗さえ流せたら別にいいかな」というレベルです。妻が孫たちをお風呂に入れるときはたっぷりと時間をかけて洗い上げますが、そもそもお風呂場に風呂桶《おけ》があるのはアジアくらいで、シャワーだけで済ましている国も多いでしょう?

育児書には、「いつも赤ちゃんの体は清潔に保ちましょう」と書いてあると思います。でも垢《あか》がたまっても死にはしない。そもそも、日本の今の住環境は清潔なので、よほどのことがない限り、大丈夫です。それに、いろんな人がお風呂に入れていたら、妻のようにていねいな人と入ることもあるので、育じいとの入浴は〝ええ加減〟でも問題ありません。ていねいにできる人が、ていねいにすればいいのですから。

子どもの健康のために、こうやるのがベストだということはありますが、そこに労力を費しすぎて、世話する側がカリカリしていたら、それが子どもに伝わり、かえって悪い影響を与えてしまいます。何より自分がしんどい。毎回神経質なまでピカピカに子どもを磨き上げなくても、「今日はあまり汚れていないから、さっと済まそう」という具合に臨機応変にルールを変えればいいのです。

そもそも、首が座り自分で座れるようになるまでは、大人がしっかり支えていないといけないので、お風呂は本当に大変です。片時も目を離すことができません。「溺《おぼ》れる人はたとえ10㎝の深さでも溺れる」と言われるように、「浅いから大丈夫」と思うのも危険です。私は孫の体も自分の一部と考え、片手で支えながら自分の体と孫の体を一気に洗っていました。そんな状態でていねいに洗ってなんていられません。

毎日続く育児の現場では、自分が負担に思うのであれば、「するに越したことはない」ことを、「やらなくても構わない」とするほうが賢明です。

子どもも、「ママとのお風呂と、おじいちゃんとのお風呂は違うんだな」と気がつき、それに合わせる柔軟性が身につくのです。

「こうでなければ」という思い込みを捨て、時には割り切って気楽にいきましょう。

夕食から風呂までは段取りが命！

妻が不在の日は、保育園から孫を連れて帰ってくるとすぐに食事の支度にとりかかります。といっても離乳食の場合、土鍋に野菜などの具材をパパッと切って放り込み、10分ほど火にかけるだけ。あとは余熱で具材が柔らかくなるので放っておきます。

帰ったら、上着を脱ぐ前に玄関から台所に直行し、土鍋にすぐ火をつけることに注力します。とにかく土鍋のセットを済ませて、それから順に用事を片づけていきます。孫たちが泣こうがわめこうが土鍋のセットが最優先。できれば前もって大根やにんじん、芋類などの材料を細かく切って冷蔵庫に入れておくと、帰ってすぐに調理ができるので、さらなる時短につながります。

孫はお腹を空かせてぐずるのですから、「ちょっと待っててね」とあやしながらでも料理を急ぐことが大切。土鍋を火にかけている間にミルクを用意して、お風呂の用意もここでやっておくなど、いくつかの作業を同時に進めていきます。食事からお風呂までを1パッケージとして一気にするのがポイント。料理だけでも1品作るのに10〜20分かかります。それを一品一品終了させてから作っていくと、いくら時間があっても足りません。遅くなればなるほど、お腹を空かせている孫がさらにぐずるし、寝かす時間もどんどん後にずれ込んでしまいます。

食事が終わってからお風呂の用意にとりかかると、お湯が沸くまでの時間も待たなくてはなりません。だから、食べているうちに湯船にお湯をはっておくのです。

うちの場合は食事のあと、うんちをするタイミングなので、トイレに連れていき、脱がせて処理を済ませたら、着替えさせずにそのままお風呂に入ってしまいます。帰ってきてからお風呂が終わるまでほぼ1時間。段取りとスピードが勝負です。

「片手でなんでも」トレーニング

子育ては重い。

いや、精神的にという話ではなく、実際に子どもを抱っこしたりするのが重いのです。子ども1人のときは、まだなんとか比較的大丈夫なのですが、これが2人となると抱っこするのも大変です。

赤ちゃんなら、いつも5キロの荷物を、それも置いておくことのできない状態で抱っこし続けなければならないと想像してみてください。抱っこで両手がふさがってしまうと、他のことができません。だからといって一日中じっとしていられるわけもなく、料理やお風呂、買い物など用事を次々とこなしていかなければ、あっという間に一日は過ぎていってしまいます。ですから、片手で抱っこ、もう片方の手で家事や用事ができれば、時間が有効に使えるようになります。

私の場合は孫2人。ひとりをおんぶし、もうひとりを左手で抱っこしつつ、右手でピーラーを使って野菜の皮をむいたり、鍋をかき混ぜたり、味見をしたりと、片手で料理をしています。調理は火を使うので、特に気を遣う必要があるのですが……、ある日抱っこをしながら作業をしていて、何かのはずみでパッと身をよけた瞬間、後ろから「ゴーン」という音が……。何かと思ったら、おんぶしていた孫が棚に頭をぶつけて泣きだしていたなんてこともありました。「ごめんね、でもそんなこともあるからね」と言いながら料理を続けました。

育児はアクシデントの連続。泣き止むのを待っていたら、さらに30分くらいかかってしま

う。とにかく調理を進めるのが先決です。

他にも、ドアを開けたり、瓶のふたを閉めたり、鞄《かばん》から財布を取り出して支払いをしたり。宅配便から荷物を受け取ってハンコを押したり。「抱っこしたら何もできない」なんて思っていたら、育児などこなせないと心得ましょう。

気がついたら、片手で何とかするトレーニングが自然に行われ、今では片手でいろんなことがこなせる育じいになりました。

簡単！早い！
栄養満点！
土鍋でええ加減離乳食

最近は、離乳食に手をかけ、ていねいに作る人がいるようですが、昔はざっくりとやっていたに違いありません。原始時代にこんな面倒くさいことをしている人はいなかったはず。だから母乳を長く与えていたのかもしれません。日本食は繊維質の多い野菜や魚を多く使うため、気を遣うポイントはありますが、毎日のことなので簡単なのがよいと思います。そこで活用していただきたいのが、小さい6号サイズの土鍋です。ここで、土鍋で作る離乳食を少し紹介しましょう。

基本的には大根、にんじん、白菜などの野菜があれば十分。細かく刻んで土鍋に放り込んで煮立ってきたら10分ほどで火を止めます。あとは余熱で具材が柔らかくなります。まずは味つけをせず、水煮から始めます。具を取り出しスプーンの背中で細かくつぶしてペースト状にすればOK。慣れたら芋類など次第にいろいろな野菜を使っていくとよいでしょう。

ハイハイができる頃になったら土鍋に市販の白だし（塩味があまりきつくないもの）を少し加えます。つかまり立ちをするようになれば、いろいろな野菜を1cm角くらいに切って、同じように煮込みます。味が薄いようであれば赤ちゃんの反応を見ながら、少し醤油や塩を足していきます。私の孫の場合、最初は機嫌よく食べていたのが、あるとき嫌そうにするので少し味をつけたら、おいしそうに食べました。

1歳くらいになると、我が家では大人と同じものを食べやすいように切ってあげていました。食卓にキッチンばさみを置いておくと、自分が食べながらでも対応できるのでおすすめです。ご飯など食べ物の固さは、子どもが食べられれば、あまりセオリーどおりの時期を気にしなくてもよいでしょう。

離乳食の目安

期間	お座り［5～6ヵ月］	ハイハイ［7～8ヵ月］	つかまり立ち［9～11ヵ月］	二足歩行［1歳～］
形状	ペースト状	みじん切り	粗みじん切り	食べられる大きさ
食材	野菜中心	ささ身 白身魚	鶏肉や青魚も	何でもＯＫ
味つけ	調味料なし	白だし	白だし	大人より薄味

この時期は食べ方に難があるものですが、注意しすぎると食事そのものが嫌いになってしまう可能性があります。あまり厳しくしすぎなくても、1歳前後の頃は構わないと思います。

慣れてきたら、いろいろな種類の野菜や肉を試していきます。いろいろな食感に慣れさせることが食育につながります。

魚を食べさせたければ、野菜を煮込んだところで菜箸で土鍋にざっくりと3分の1ほどスペースを作り、缶詰の魚を加えればOK。缶詰だと骨を取る手間がありません。種類もいろいろ出回っているので、魚の缶詰は便利です。

離乳食は食育の第一歩。大変重要なのでおざなりにしてはいけません。作り方は〝ええ加減〟でも、食材は豊富にいろいろなものを食べさせましょう。アレルギーは正直なところ食べさせてみるまでわからないので、少量を与えてみて、問題があれば小児科医や専門家に相談すればよいと思います。

#「育じい」のええ加減離乳食レシピ

お粥（5〜6ヵ月）

1 残りご飯（茶碗1/4くらい）を土鍋に入れ、ご飯と同量の水を加えて弱火で煮る。

2 グツグツしてきたら火を止めてしばらく放置（余熱で仕上がるので、エコです）。冷めたら、土鍋のふた（食器代わり）にとって、つぶしながら与えます。

根菜粥（5〜6ヵ月）

1 残りご飯（茶碗1/4くらい）と、細かく切った大根・にんじん・じゃが芋などの根菜1種を土鍋に入れ、ひたひたになる量の水を加えて弱火で煮る。

2 グツグツしてきたら火を止めてしばらく放置。土鍋のふた（食器代わり）にとって、つぶしながら与えます（根菜の種類を徐々に増やすといいでしょう。ほうれんそうや白菜など葉物野菜でもＯＫ）。

ミックス粥（7〜8ヵ月）

1 根菜粥の食材に、豆腐を加え、具を2〜3種類にし、同様の手順で作る。

季節によってかぼちゃやさつま芋を細かく切って土鍋で煮て、ペースト状にして与えるのもおすすめです。

この頃から味を少しつけるなら、白だしを少しずつ足していけばおいしくなる。塩分は控えめにしましょう。

鶏雑炊（9〜11ヵ月）

1 残りご飯（茶碗1/4くらい）と鶏のささ身か胸肉、にんじんや白菜を細かく切って土鍋に入れ、ひたひたになる量の水を加えて煮る。

2 グツグツしてきたら火を止めてしばらく放置（余熱で仕上がるので、エコです）。冷めたら、土鍋のふた（食器代わり）にとって、つぶしながら与えます。

面倒なときは市販の離乳食を活用すればよい。いろいろとメニューを考えると世話をする人が疲れるので、ワンパターンで大丈夫。だってそれまで毎日ミルクだけだったのだから気にしない。味が濃くならないようにだけ気をつけて！

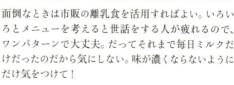

孫が喜ぶ炊き込みご飯（1歳〜）

1 米1合を研ぎ、ざるに入れた状態で15分ほど水に浸す。

2 鶏もも肉、しいたけ、えのきだけ、しめじ、にんじん、ごぼう各少々を食べやすい大きさに細かく切る。

3 土鍋に**1**の米を水をきって入れ、水（160㎖）、白だし、酒少々を加える（米1合に対して、水・白だし・酒を合わせて170〜180㎖にする）。

4 鶏肉や野菜を土鍋に加えて、全体をざっくりと混ぜ合わせる。

5 土鍋を強火にかけて、グツグツするまでゆっくりと混ぜ続ける。

6 グツグツしてきたらふたをし、弱火にして13〜15分炊き、火を止める。

7 ふたをした状態で5分ほど蒸らしてできあがり。

これが食べられるようになれば大人と同じ食材で大丈夫。ただし、細かく切ってあげることが大切。離乳食が始まっても、ミルクはしばらく必要です。食べた量を考えてミルクの量をこまめに調節すると無駄が省けます。

省ける手間はスパッと省く

こんな具合に離乳食作りは簡単で、かなりええ加減ですが、「ええ加減＝まずいごはん」ではありません。省ける工程は合理的に省いて、手間を減らしつつ、ある一定のクオリティは維持しようという作戦です。

料理が好きで一生懸命やりたい人は別として、子育て中に複雑な仕込みや前処理までしていられないというのなら、料理にそんなに時間をとらなくてもいいと思います。バラエティに富んだ食材を使えばバランスよく栄養がとれますし、ある程度のクオリティがあればよしとしましょう。さらに後片づけが楽なら言うことなし！

プロはそもそも使う食材の質が違います。出汁《だし》にも手間暇かけてあることでしょう。でも市販の白だしだって、昆布やかつおでちゃんと仕上げてあるものなら、おいしくできています。塩味がついているものは薄めて使います。毎日の食事は、簡単でそこそこおいしくできれば問題ありません。料理本などを見て作るときも、レシピどおりでなければできないなんてことはない。例えば「野菜を別ゆで」とレシピにあっても、この作業が無駄だなと思ったら一度省いてやってみます。失敗したら、次からは省かずにすればいいだけのこと。

時間がないのなら市販の離乳食を利用したって構いません。「手作りでなければ」と思い込み、料理の支度でストレスをためるくらいなら市販品を上手に使えばいいと思います。むしろ、市販品のほうが栄養バランスはいいかもしれません。手作りで同レベルのものができるのかを考えてみてください。離乳食を一生食べ続けるわけではないので、ここは割り切っていきましょう。

私が土鍋をすすめるのは、洗い物が少なくてすむからです。最後に流しの中が洗い物だらけだと気力が落ちてしまいますが、土鍋は食卓に並べてもサマになるので、器に盛る必要がありません。つまり洗い物が少なくてすみます。

料理に手間をかける、という話でもうひとつ。最近はキャラ弁作りが流行っているようですが、あれは弁当を作れないくらい忙しい人には迷惑なブームだと思います。好きで作っている人は楽しめばいいでしょうが、特集で組んでまで紹介するのは働くママにはプレッシャーです。忙しいママに代わって、「キャラ弁なんてやめておけ」と私は声を大にして言いたい。

悲しき育じいの壁

上の孫は現在5歳。そろそろ女の子として目覚める頃です。今朝、その孫に「髪の毛を玉結び（お団子）にして！」と頼まれ、ハタと困ってしまいました。男の私はこの歳になるまで髪を玉結びにしたことなどありません。仕方がないので、朝から出かけていた妻に電話をすると「そんなことで呼び出さないで」と怒られる始末。結局、孫は妻が帰ってきてから髪の毛を玉結びにしてもらいましたが、横で見ていてヘアピンを駆使した複雑なヘアアレンジは、育じいには無理難題すぎるとあきらめました。

他にも異性の孫を育てていると困ることがいろいろあります。例えば小さい頃はトイレに連れていくのは男性用でよかったのですが、4〜5歳になると、嫌がって男性用トイレに一緒に入ってくれなくなります。もう少し大きくなれば女性用トイレにひとりで行かせて外で待っていればいいのですが、この頃はまだひとりでは完璧に用は足せないのでとても困ります。じいさんが女性用トイレに入るのは、女性が男の子を連れて男性用トイレに連れていくよりハードルが高い（苦笑）。知り合いの育じいは孫娘が小さい頃はプールによく連れていったけれども、幼稚園に入る頃から男性更衣室に入ってくれないという理由で、一緒にプールに行けなくなったそうです。

外出先でのおむつ替えも不便です。私が娘たちを育てていた頃は、おむつ替え台はほぼ100％女性用トイレにしかありませんでした。トイレの手前にそれがあると冷や汗をかきながらも中に入り、ササッとおむつ替えを済ませることができましたが、台が奥にあった場合はお手上げでした。「イクメン」などという言葉すらなかった当時、女性が子育てをする前提で作ってあるので仕方ないのですが、子育てする男性には逆差別ともいえるほど、不利な状況でした。どうにもこうにもならないときは、男子用トイレの個室に入り、便座のふたの上でおむつ替えをしたことが思い出されます。

最近では、気の利いた施設なら男性用トイレにおむつ替え台が設定されているところも珍しくなくなってきました。今後男性がもっと育児をするようになったら、環境が整備されてくるかもしれません。イクメンだけでなく育じいがメジャーになった暁には、きっとその勢いが加速されるはずです。

第二章

育じいの赤ちゃん記録

【生後3ヵ月まで】

赤ちゃんはお腹にいるのと同じ状態

生後3ヵ月までの赤ちゃんは、まだ胎内にいるのと変わりなく、人としてはまだ不十分な状態です。首は座っていないし、脳の回路も十分に機能していません。

この頃、脳の働きからさまざまな原始反射が見られます。口に指を入れると吸ってくる「吸啜《きゅうてつ》反射」や、手のひらに触れると握り返してくる「把握反射」、驚いたときに両手をパッとひろげてバンザイをする「モロー反射」など、この時期にしか見ることができない、なんともかわいい反応です。

医師の家庭では子どもが生まれると「バビンスキー反射」をよく試します。足の裏をとがったものでかかとからつま先にかけてゆっくりとなぞると、足の親指が甲の方向にゆっくりと曲がり、他の4本の指は外側に開くのがそれです。成人の場合は脳の錐体路《すいたいろ》障害を示す病的反射ですが、出生時頃は誰でもこの現象が見られ、2歳頃までに自然になくなっていきます。ちなみに幼いキリストを題材にしたルネッサンス時代の宗教画で、触られているキリストの親指が反り返っているものがあり、この現象が古くから知られていたことが推測できます。赤ちゃんに害はないので、遊び心でやってみてください。

睡眠は成人のようにレム睡眠とノンレム睡眠が交互に現れることはなく、原始的な動睡眠と静睡眠を40～60分周期で繰り返します。そのため、赤ちゃんは昼夜関係なく寝起きを繰り返すのです。お世話をするママは、この時期は根性で耐え抜くしかありません。男におっぱいが出るはずもなく、ひたすらママが赤ちゃんのお世話をし続けます。お腹の中にいるべき状態の子どもが出てきてしまっているのですから、お母さんと一緒にいることが大前提です。

実家に帰って出産・育児をするママがほとんどだと思いますが、出産前後に実家を頼れない場合には、ママとパパがふたりでがんばるしかありません。パパもできるなら短期でいいので産休をとってほしい。この時期にパパがうまく協力できないと、ママの恨みが一生つきまといます（私も経験済み）。間違っても「パンツどこ？」「ごはんまだ？」などと聞かないように。育児に必死なママをイラッとさせてしまいます。パパは自分の身の回りのことはもちろん、育児サポート＆家事全般を行うようにすれば、家の中のことがスムーズになるでしょう。

大変ではありますが、ママとカレンダーの生後90日目にラインをひいて、とにかく辛抱。辛抱は出口がないと我慢できないものなので、90日目という出口をここで設定します。この時期の子育ては3ヵ月ごとに変化があります。一生乳飲み子の世話が続くことはありません。3ヵ月目まではママはつきっきりで子どもに全力を注ぎ、周りはしっかり支える時期です。

見逃すな！ママの「産後うつ」

出産後の子ども（とパパ、ママ）の状態を客観的に見守るのが育じいの役割です。

私がコンサルタントをしている会社で、若い男性社員がメンタルストレスでダウンするケースが増えてきています。主には職場でのプレッシャーが原因なのですが、中には産後の妻のメンタルストレスで本人が出社できないという事例も。そこで、妻のカウンセリングに乗り出すと、多くは電話で愚痴を聞くだけで気持ちが収まりますし、夫には対応の仕方をアドバイスすることで、なんとか乗り切れます。

子どもは日々成長するので先月の問題は翌月にはなくなり、また新しい問題が起きても心の負担は次第に取れていくものです。

しかし、なかには睡眠時間が極端に少なく、イライラから子どもに暴力を振るいそうになるなど、治療が必要なケースがあります。本当は抗うつ薬でしっかり治療するほうが好ましいのですが、産後うつになりやすい女性は、もともと神経質ぎみなうえに、母乳で育てている人が多く、薬を服用することを極度に嫌がります。妊娠後期から授乳期にかけて比較的安全に服用できる薬もあります。服用リスクが全くないわけではないので、その気持ちは理解できます。

ですが、あまりに精神が不安定な場合や、子育てや夫婦関係が破綻寸前という場合は、医師の判断に従って薬の服用をするべきです。母乳から乳児への薬の影響を危惧するのなら、母乳を中止してミルクに切り替えればいいだけ。そんな簡単な判断もできなくなっているなら、薬を飲んだほうがよい時期だと考えられます。

定期的に飲むのに抵抗がある方には、私はイラついたときや眠れないときにだけ少量の安定剤を頓服のように服用するよう処方します。このような安定剤の使い方は子育て→イライラ→虐待→後悔→不眠→イライラ→虐待の悪循環を断ち切るのに有効です。

本来女性の体はつらい子育てに耐えられるよう女性ホルモン（エストロゲンなど）

ががんばってくれるのですが、産後はこのバランスが崩れて精神的な情報伝達物質であるセロトニンにまで影響を及ぼし「うつ状態」になりやすいのです。

1～2割の経産婦が産後うつ状態になると言われているので、決して珍しいことではありません。ママの様子がいつもと違うと感じたら、注意してみてあげてください。片づけが全くできなくなる、おむつが散乱している、料理を手作りしていたのが市販品ばかりになるなど、症状が出た場合は早めに医師に相談しましょう。特にパートナーである夫が早く気がつくことが大切です。ただ、子育ての渦中にあるふたりが冷静でいられないこともあるので、そこは親がアドバイスをしてもいいでしょう。ストレスマネジメントのためにも育児も家事も完璧は目指さず、〝ええ加減〟くらいがいいと私は思っています。

新米パパは悩んでいる

ママの産後うつだけでなく、新米パパのうつ＝パタニティブルー（67ページ参照）にも注意が必要です。晩婚化の影響で近頃では中年期に初めて父となる男性が増加しています。私の男性更年期外来にも、心身の不調を自覚した時期が妻の妊娠・出産と同時期である患者さんがいます。中年期になって初めて父になった彼らは「子どもが生まれることはうれしいけれど、自分の年齢を考えるとプレッシャーが大きい」とか「子どもの夜泣きで眠れない」と訴えます。

こうしたケースでは多くの患者さんが社会生活に支障をきたし、薬での治療が必要になります。父親になるという責任や将来に対する漠然とした不安や育児疲労がストレスの原因となって、パタニティブルーが発生するのでしょう。

特に妻が専業主婦の場合や、出産を機に仕事を辞める場合は養わなくてはならない家族が増えます。うつ病になる人は人一倍責任感が強いため、そのプレッシャーは大きいに違いありません。さらに、最近は妻の妊娠中の両親学級に始まり、立ち会い分娩、そして出産後は育児参加を求められます。喜んで参加する夫も少なくないでしょうが、

「ホントに参加したかったの？」とそっと聞いてみると、

「実はあまり乗り気ではなかった」などと本音を語る人もいます。

彼らは子育てを拒否しているわけではなく、そうした環境になじめないだけなのです。優しい夫はなんとか時間をやりくりし、出産や育児に関わろうとします。かといって仕事の量が減るわけでもなく、扶養家族は増え、重荷はのしかかってくる。それでも律儀に育児に疲れた妻をいたわり、おむつを替えたり、ミルクもあげます。そして睡眠不足のままストレスの多い会社に向かっていくのです。

睡眠障害と気分障害には密接な関係があり、このような状態が続くと、それがきっかけでうつ病を発症することは十分に考えられます。さらに40代以降は仕事量や責任が若い頃より重くなる反面、体力は下降していくのですから、発症の確率はさらに大きくなると考えてください。

60－自分の年齢＞20＋α

これは夫の年齢が40歳以上だと成り立つ数式です。つまり40歳以上で初めて子どもを授かると、自分が定年したとき（60歳頃）には子どもがまだ成人していないことを示します。彼らは子どもができた途端にこんな心配までしてしまい、先々を憂いすぎて疲れてしまうのです。女性が目の前の子育てがつらくて産後うつになるのとは対照的です。

私は先の不安を感じたら、「あと3ヵ月たったらハイハイする」「あと3ヵ月で小学校に行く」というように、少しだけ先のことをイメージしてそこまで乗り切るようアドバイスをします。先々の不安は今起こっていないこと、つまり妄想にすぎないのです。

日本人の結婚年齢は徐々に上昇し、親になる年齢も上がっています。「もう十分大人だから」という先入観が新米の両親にプレッシャーを与えている可能性もあります。いくつになっても初めて子どもを持つことは不安なものです。周りには、その辺り

郵便はがき

料金受取人払郵便

小石川局承認

1598

差出有効期間
平成29年8月
2日まで

112-8731

東京都文京区音羽二丁目
十二番二十一号

講談社　第二事業局

生活実用出版部　行

愛読者カード

今後の出版企画の参考にいたしたく存じます。ご記入のうえご投函くださいますようお願いいたします(平成29年8月2日までは切手不要です)。

ご住所　〒□□□-□□□□

お名前
(ふりがな)

生年月日（西暦）

電話番号

性別　1男性　2女性

メールアドレス

今後、講談社から各種ご案内やアンケートのお願いをお送りしてもよろしいでしょうか。ご承諾いただける方は、下の□の中に○をご記入ください。

□　講談社からの案内を受け取ることを承諾します

TY 000070-1504

本のタイトルを
お書きください

a　**本書をどこでお知りになりましたか。**

1 新聞広告（朝、読、毎、日経、産経、他） 2 書店で実物を見て
3 雑誌（雑誌名　　　　　　　　　　） 4 人にすすめられて
5 DM　6 その他（　　　　　　　　　　）

b　**ほぼ毎号読んでいる雑誌をお教えください。いくつでも。**

c　**ほぼ毎日読んでいる新聞をお教えください。いくつでも。**

1 朝日　2 読売　3 毎日　4 日経　5 産経
6 その他（新聞名　　　　　　　　　　）

d　**値段について。**

1 適当だ　2 高い　3 安い　4 希望定価（　　　　円くらい）

e　**最近お読みになった本をお教えください。**

f　**この本についてお気づきの点、ご感想などをお教えください。**

の配慮が必要です。

※注釈…パタニティブルーとは、1987年にPruettらが「子どもが生まれて最初の3ヵ月くらいの間に父親に起こる心身の症状であり、期待される父親の役割に対する不適合やフラストレーションなどいろいろなものを含む情緒状態」として用いた言葉です。小此木啓吾は「子どもが生まれて何か月かの間に精神医学的に明らかなうつ状態として記載することができ、それを契機にうつ病状態に陥っていると診断できるような何人もの父親の診療に関わっているので、パタニティブルーが精神医学的な意味でのうつ病のトリガーやストレッサーとして働くことはありえる」としています（『パタニティ・ブルーの心理』小此木啓吾　周産期医学24巻2号、P189〜193、1994年）。

【生後3ヵ月〜】

赤ちゃんが泣いているのは困っているから

生後3ヵ月になると、そろそろ首が座り、夜中の授乳も1回くらいに減って、生活のリズムも次第に整い、世話がかなり楽になってくる頃です。

首が座れば、だっこ紐やベビーカーに乗せて外出できるようになります。専業主婦は初めて公園に連れていく公園デビューが大変らしいですが、公園遊びは育じいやパパのほうが気を遣わずにすむので適任です。

男性は元来、人と積極的に交わろうとせず、赤ちゃんを遊ばせることに集中

するので、周囲のママの目も気にせずうまくいきます。公園に初老の男性が集まっていても各自ひとつのベンチに座って、お互いに声をかける姿はほとんど見ません。保育園の送り迎えで毎日顔を合わせていても、基本的には挨拶のみで、ママたちのように「ランチやお茶」とはならないのです。私が主宰する中高年男性向け料理教室でも、おしゃべりしている様子はほとんどなく、黙々と料理を作っています。女性から見れば、つまらなそうに思うでしょうが、本人たちはそれで満足しています。

さて、この時期になると、早くもコミュニケーションが楽しめるようになります。言葉は通じていなくても、改めて家族の一員として迎える気持ちで、できるだけ話しかけましょう。赤ちゃんは、すぐに声がする方向に顔を向けるなど、音に対して敏感です。この時期に全く白紙の状態からものすごい勢いで言葉をインプットして、1年ほどで言葉を理解し、しゃべれるようになっていくのですから、もしかしたらゼロ歳児の頃が人生の中で一番賢いのかもしれません。

そうやっていつも家族の声を聞かせることが、赤ちゃんの安心へとつながり、大人にとっては横隔膜が動いてストレス発散になるので、積極的に話しかけるとよいでしょう。

コミュニケーションといっても赤ちゃんができるのは泣くことくらい。けれども赤ちゃんの能力をみくびってはいけません。この時期から情報収集を開始していて脳は急速にその機能を増していています。赤ちゃんは絶えずこちらに何かを発信しているのです。

「困った子は困っている子」だという教えもあり、赤ちゃんが泣いているときは困っていると考えれば、泣いている理由が見えてきます。

面白いのは、女の子の場合は状況に応じて〝とりあえず泣き〟をするしたたかさがもう備わっていることです。「3ヵ月にしてこんなことができるか」と、感心してしまいます。男の子の場合は一度不満に火がつくと簡単に収めることができないのが特徴で、少し手がかかるかもしれません。ちょっと戦略的で困った泣き方もありますが、赤ちゃんは泣くことで一生懸命意思を伝えていると考えれば、泣きだしたときのストレスが少しは軽減されるかもしれません。

【乳児期】おしっこ&うんちサインをキャッチ

乳児期に気をつけたいのはミルクと、排尿・排便でのタイミングです。ミルクは前回いつ頃飲んだかで、だいたい次の時間を推測することができます。冷蔵庫の扉などに貼った紙に毎日のミルクの時間と量を書き込んで、授乳サイクルを習得していきましょう。いつもは200㎖飲むのに100㎖しか飲まなければ「次は早くなるだろう」とか「いつものパターンなら2時間後くらいに欲しがるはず。泣いてから作るよりはそろそろ用意をしておいたほうがいい」など、サイクルがわかれば予想しやすくなります。

ミルクも毎度毎度となると用意するのは大変です。我が家には哺乳瓶が何本もあり、それらを夜中のうちに殺菌しておき、熱湯、湯冷まし、水の3種類を魔法瓶に用意していました。湯冷ましが面倒なら、熱湯だけを用意しておいて、あとはペットボトルの水でもOK。育児は段取りがすべてです。

ミルクは慣れれば比較的わかりやすいのですが、問題はおしっことうんちです。最近の紙おむつはおしっこの吸収がよく、不快感がないので赤ちゃんは何も文句を言いません。布の場合、赤ちゃんは不快感があるので文句＝サインを出すので、うちはあえて不快感のある布のおむつを利用していました。この不快なサインを読み取れるようになると、おしっこやうんちが出た瞬間に気づくようになります。

素早く取り替えることを繰り返していくうちに、やがて赤ちゃんからおしっこをしたい、うんちをしたいというサインを出すようになります。そのサインが出たと思ったら、素早くおまるに座らせます。すると見事におしっこやうんちをするようになります。

あるとき孫のひとりがミルクを飲んだ数時間後にギャーと何回か泣いたときに、おむつが濡れていることがありました。それからよく観察すると、1回目のギャーというときにはおしっこは出ていません。出るのはだいたい2回目か3回目。

おそらく、1回目のギャーはおしっこがしたいというサイン。でも誰も来ないからしちゃったため、2回目はおむつが濡れているというサインではないかと考えました。再びミルクを飲んだ数時間後の1回目のギャーのあとでおまるに座らせてみると、そこで排尿。うまくいったという具合でした。

他にも、食事中に動作が止まったり、声を出さなくなったりしたときはトイレのサインです。大人も排尿・排便のときには何もしないでしょう。神経質になる必要はありませんが、赤ちゃんのちょっとした動作に敏感に反応してください。

ただし、サインだけではハズレも多いので、しばらくの間はおしっこやうんちの時

間をこまめに書きとめ、だいたいのパターンをつかんでおきます。

私たち夫婦は3人の娘で実践し、娘たちはそれぞれ、ほぼ数ヵ月でおむつから離脱しました。孫の場合は完全に私たちの監視下になかったこともあり、少し手間取りましたが、それでも早くからおまるでおしっことうんちができるようになっています。すべてのおしっことうんちがわかるわけではないので失敗することもありますが、いくつかサイン、パターンをつかめると確率が上がり、ずいぶん楽になります。

ちなみに離乳食が始まると、食事の後半に赤ちゃんがモゾモゾと不穏な動きをすることがあります。人間は胃に食べ物が入ると直腸にたまった便を排出する機能があります。「胃・直腸反射」と呼ぶのですが、赤ちゃんにもその機能がすでにあり、食べ物が胃に達すると直腸が動きだします。その動きがとても速くて我慢ができないので、食事の後半には便意をもよおすことが多いのです。

むずむずと不穏な動きが出てきたら、すかさずおまるに座らせるとかなりの確率で便を受け止めることができます。

このように子育てというのは、実はある程度の予測がつくものなのです。子どもにもよりますが、予測がつかないなかでアットランダムにいろんなことが起こると、身構えているだけで疲れるけれど、食事、睡眠、排泄の仕組みを生理的に理解したら、見当をつけやすくなります。偶然なのは3割くらいで、あとの7割は必然で起こっているものです。物事は予想して動くと楽ですし、そうすると力の抜きどころがわかってきます。

うちは、夫婦どちらが的確におしっこやうんちのサインを見つけるかを競い合って楽しんでいます。おまるのうんちを戦利品のように置いておいて、お互いに「ほら！」と見せたり（!?）、まるでゲームのような感覚です。

家族で赤ちゃんの情報を共有し、赤ちゃんとの関わりを深めていくと、泣いているときには何が不満なのかを考え、このサインは暑いのか？遊んでほしいのか？など、だいたい推測できるようになります。

「育じいのええ加減子育て」は、決して怠慢から子どもを放置するのではなく、深い観察と洞察により合理的に手を抜く方法なのです。

【生後6ヵ月】

今がしつけどき、これで後々ラクになる

6ヵ月以降は、しゃべることはできなくても、大人の言うことがある程度はわかってくるようです。たとえゼロ歳児でもしつけや教育は必要だと考え、この頃からルールを教えてダメなものはダメとはっきり伝えたほうがよいと思っています。感情的に叱るというよりは、きちんと説明をすること。赤ちゃんといってもなめてはいけません。大概のことはもう理解しているのです。

ここでポイントとなるのが、自分たちの基準をしっかりと持って子どもに迎合しないこと。親の叱るスタンダードが毎回変わると子どもは迷うので、育じいとしてはマ

マやパパのスタンダードを共有すると、子どもは迷わなくてすみます。
「子どもを不幸にする一番確実な方法は、いつでもなんでも手に入れられるようにしてやることである」というのはフランスの思想家ルソーの言葉ですが、過保護、過干渉は子どものためになりません。最近では過保護過干渉な親を「ヘリコプターペアレント」（上空で旋回するように子どもを監視する）とか、「カーリングペアレント」（子どもの行く先々にある、あらゆる障害物を取り除く）と呼ぶそうです。

この時期から我慢を覚えて社会性を保ち、我慢の結果それが手に入ったときのほうが喜びの大きいことを親が教えます。1回で理解できることはまずないので、できないことは承知で、何回でも根気強く伝えることが大切です。

これは私の考え方ですが、1歳までの時期にがんばってしつけをしておくと、後々の子育てが楽になります。現状を要領よくやり過ごすのではなく、長い目で見て、今するのと、後に回すのとではどちらが楽かを考えます。

生後6ヵ月ではまだ早いと思うかもしれませんが、歩くようになればもっと世話が大変になっていきます。大きくなるにつれて動いたり自分の意思を主張したり、どんどんコントロールできなくなります。それより小さいうちに済ませられるしつけは行っておいたほうが後々楽になるのです。例えば、3歳でおむつを取るのと1歳までに取れるのではどっちが楽でしょう？　ゼロ歳の子と3歳の子のおしっこの量・うんちの量や処理の大変さは全く違います。

面倒だからと後回しにしていると、しんどさは雪だるま式に大きくなっていくだけです。

【生後6ヵ月】

赤ちゃんだって ひとりになりたい

生後3ヵ月くらいから赤ちゃんは、「泣く」という手段でいろいろなことを伝えてきます。6ヵ月くらいになると、その子が何で泣いているかは1〜2週間観察しているとだんだん見極められるようになります。ただ「泣いてうるさいな」と耳をふさいでしまうと、聞こえるものも聞こえてこなくなるので、「これはこういう理由で泣いているのでは？」とまず仮説を立てて聞いてみます。「これ違うかな」「これではどうだ」「これで泣き止むなら多分こういう理由だったのだろう」と試行錯誤を繰り返していくと、どんどん当たる確率が上がるはずです。

赤ちゃんは、ただなんとなく泣いている場合もあるのでむずかしいのですが、泣いたらすぐさまあやしたり、抱っこしたり、おっぱいをあげる前に、何で泣いているのかをまず考えるようにしてみましょう。

そうしてコミュニケーションをとっていくと、むやみやたらに泣かなくなるので、こちらもイライラしないですみます。相手の行動を予測できると人はイライラしません。自分に余裕が出てくると子どもにも余裕が出てきて、むやみに泣かなくなるので、子育てそのものがいい流れに乗っていきます。

赤ちゃんといえども、ひとりで遊びたいときがあるものです。そのサインを読みとって、放っておくに限ります。ガラガラなど握ってひとりで機嫌よくしているときに

「○○ちゃーん」などと構いに行くと、間違いなく邪魔です。

その時間をうまく見つけて、こちらはソファーにゴロンと寝転がるなどして、体力を温存しましょう。ずーっとみていると緊張状態が続いて疲れてしまい、イライラの原因になります。

構ってほしくなったら、赤ちゃんのほうから泣きだします。泣かないのは行かなくていいというサインなのです。こうやって赤ちゃんとのいい距離感を少しずつ作り上げていきます。

パパとママに言いたいのは、6ヵ月くらいから親とは別の部屋に寝かせるようにして、夫婦の時間を増やしてほしいということ。セックスレス防止や第2子不妊の予防にもつながります。

赤ちゃんはできる限り抱っこし、親との密着感が大事だという専門家もいますが、それはサルの世界。育じいをはじめ、周りはそういうことを言って子育てするママの負担を大きくしないことが大事です。

サルの赤ちゃんは泣かない

文化人類学者によると、サルの赤ちゃんは泣かないそうです。

サルの赤ちゃんは生まれてからすぐに母ザルの胸元にしがみついているので、いつでも母乳を飲むことができます。しかも排尿・排便は垂れ流しでいいので、いちいち泣いて誰かを呼ぶ必要がありません。野生の中で赤ちゃんが泣くこと自体が自分の存在を外敵に知らせてしまうようなものだから、むやみやたらに泣かないのです。

それに対して、人間の赤ちゃんは泣くか笑うかしか感情表現ができません。生まれてすぐに母親から引き離され、安全なベッドに寝かされるので、サルと違って握力が発達せず、母親につかまることもできません。

生きるためにお腹が減ると泣いて母乳を要求しますが、外敵から襲われる心配がないので安心して泣いていられるのです。排泄でおむつが気持ち悪くなると、これも泣くしかありません。だから赤ちゃんの泣く理由の多くは食事か排泄なのです（たまに暑いとか寒いといった環境をどうにかしてくれという訴えも）。泣くのは人に関心を持ってもらうためであり、泣き声が甲高いのは危機感を与えるため。そして笑顔は多くの人を味方につける戦略なのです。

子どもは必ず病気になる、とあきらめる

母乳が終わり6ヵ月を過ぎると、感染症にかかる可能性が高くなってきます。保育園に通い始めると、「よくもまあ、こんなに感染症をもらってくるものだ」とあきれるくらい病気になります。仕事に支障が出ることもあるので、病児保育や病気のとき

に自宅に来てもらえる会員制の病児保育が利用できるよう、前もって登録をしておくことをおすすめします。ちなみにうちの娘は、NPO法人ノーベルを利用していますお(http://nponobel.jp/)。シッターさんに来てもらい、私の診療所の一室で子どもの世話をお願いしています。私に外出する用事がないときでも、シッターさんに来てもらいます。お金はかかりますが、自分の仕事や生活に影響が出ないように力を温存し、なるべく家族全員に負担が少ない態勢をとっているのです。

ちょっと子どもの具合が悪そうだなと思ったら、対応できる日をママに伝えておく、子どもの体調を常に気にかけてママに報告し合う、変更可能なスケジュールの調整などの情報を共有しておくと、とっさの判断に助かります。

特に6ヵ月を過ぎると突発性発疹には必ずかかると覚悟しておきましょう。ウイルス性なので特効薬がないのですが、安静にしておけばそのうち治る病気です。風邪と違って1週間くらいは自宅安静が必要です。その間は施設を利用したり、育じい、ばあさんたちと連携して看病にあたるなど、いろいろな手を借りて乗り切るしかありません。

その他にもおたふく風邪や水疱瘡《みずぼうそう》、はしか、風疹《ふうしん》などさまざまな感染症があります。保育園でかかる子どもが出るたびに「伝染《うつ》ったらどうしよう」とひやひやすることになるので、防げる感染症は予防接種をこまめに受けておくと安心です。たとえ感染しても軽くてすみます。

一度にたくさんの予防接種を受けることはできないし、2回以上接種が必要な場合もあるので、かかりつけの医師と相談をし、予防接種スケジュールをしっかりと立てておくとよいでしょう。

保育園入園後1年は、何かと病気にかかることが多いですが、子どもが体調を崩すときは、なにかしらサインがあるものです。それを見つけて早めに対処することで大難を避けることができます。ひととおり嵐が過ぎれば落ち着くものなので、1年は免疫をつける時期と割り切って、なんとか解決していきましょう。

［1歳〜］

赤ちゃんはアホではない。人格を尊重すべし

歩けるようになれば、一人前の人間です。次第に言語も覚えて言葉でコミュニケーションがとれるようになってきます。赤ちゃんは体・言語能力が大人に及ばないだけで、脳の活動は私たちより優れているかもしれません。少なくとも脳細胞の働きは、年々激しく脱落してくる私たち世代よりは優れているでしょう。

教育する立場ではあるけれど、赤ちゃんに対してひとりの人間として尊敬・畏敬の念を持つことが必要だと思います。そして、子どもの可能性を伸ばすためにも、あまりあれこれダメだしせずに、自由にしてよい時間には危なくない範囲で自由に遊ばせ

ます。逆にそうでないときには、しっかりとそのことを教えます。

つかまり立ちできるようになった頃の赤ちゃんは、引き出しの開け閉めが大好きです。うちの孫は、手をグーに握ったまま引き出しに体重を乗せて閉めては、指を挟んで大泣きしていました。あまりに泣くので場所を移動させ、指を挟んでも差しさわりのなさそうな引き出しを開け閉めさせていたところ、しばらくすると泣かなくなっています。よく観察してみると、手をパーに開いて指を挟まないように工夫しているのです。素晴らしい適応力です。

ミルクをあげるときに哺乳瓶を適当に支えていると、いつの間にか自分の手で持って飲むようになるのも同じ。赤ちゃんは日々成長していくのですから、神経質に何かをできるようにしようとか、できないことを悩む必要はありません。

このように、赤ちゃんは「アホ」ではないと気づかされる場面は多くあります。どこまでが安全か危険かの判断はむずかしいですが、危険かなと思ったときは、とりあえず目を離さないことで

す。お風呂用の首浮き輪も目を離さなければ危険なものではありません。子どもが危険な場所に近寄っても、いきなり遠ざけるよりは、まずしっかりと見守るようにしましょう。

〝ええ加減〟子育てのわりには細かい注意で矛盾しているようですが、なるべく早めにこまめに教育しておくほうが後々手を抜きやすいものです。

本当にむずかしい子どもの叱り方

乳児期が過ぎたら、危ないことや社会の基本的なルールをしっかりとしつけていきます。赤信号になったら止まる、車に気をつける、公園の遊具で遊ぶときは順番を守る、ごはんの途中で暴れない、などなど。なかなか聞き分けてはくれないですが、ダメなときは短い言葉でパシッと伝えるのが、子どもに理解させるコツです。

うちは妻がその辺りがとても上手です。娘が叱るときは、私からすると「ちょっとそれは怒りすぎじゃないかな」ということも多いのですが、おそらく私たちも若い頃はそうだったのでしょう。

今は育じいの立場なので冷静に見ることができ、本当に悪いことをしたときにだけ叱りますが、親としての子育ての最中はなかなかむずかしく、感情にまかせてキレてしまいがちです。それがエスカレートすると虐待につながっていくのです。

育児放棄とか、餓死させたとか、虐待とか、悲しい事件は確かに親が悪いのですが、思うように進まない育児を経験すると、そんな気になるのも理解できます。追いつめられる状態になる前に、育じいや周りの人が育児を助けられる社会になる必要があるのです。子育てはママひとりの責任ではないのですから。

子どもにルールを身につけさせるために、保育園を利用するのはいいことだと思います。いろんな大人に面倒をみてもらい、集団生活のルールの中に身を置くのも、おもちゃの取り合いでケンカするのも学びのひとつ。先生がちゃんとみてくれているし、必要なときにはきちんと叱ってくれています（入りたくても入れないご時世ではありますが）。

うちの下の孫は最近保育園でよく人にかみついてしまうらしく、しっかりと先生に叱ってもらっているようです。ありがたいことです。

家でのしつけももちろん大切ですが、人との関わり合いは相手がいないと学べません。保育園や近所のおつき合いなど、早いうちから集団に慣れさせるのは、子どもにとってもいい経験だと思います。

子どもとの根比べが成長をうながす

あるとき孫が「きゅうきゅうしゃ、きゅうきゅうしゃ」と言うので、「救急車の音が聞こえたの?」とたずねると、私のその言葉に納得できないと言わんばかりに「きゅうきゅうしゃ」を繰り返すばかりということがありました。何回聞いても、私には「救急車」としか聞こえません。何が言いたいのかわからず、仕方がないので、あれこれと推測します。結局それは「靴下」と言っていたとわかったのですが、考えるプロセスは、下手なクイズよりも面白いな、と思いました。

子どもは一生懸命「靴下」と発音しているつもりなのです。ですから、「ああ、靴下だね」と、正確な発音ではっきりと言ってあげる、これが大切です。

今、2歳の孫はファスナーに夢中です。大人でも手こずることがあるのですから、2歳児が簡単に開け閉めできるわけがありません。性格にもよりますが、うちの孫の場合は、自分が納得できるまでやり続けます。途中で手伝おうものなら、怒りだして大変です。

忙しいママならば、悠長にファスナーを開け閉めするのにつき合っていられないでしょう。じっくり待つことができるのは、時間に余裕のある育じいだからこそ。こんなことはしょっちゅうあり、本人がしたがっているのだからと、見守るようにしています。どうやってするのか観察するのは、案外楽しいものですよ。

実はこの見守りには、思わぬ効果があります。何かをできるようになるのが早くなる、ということです。もちろん、性格や環境によって異なるとは思いますが、できないからといってすぐに手伝わないほうがいいようです。何事も楽しむ感覚で、子どもと根比べをしてみてください。

女の子は1歳からウソ泣きをする

うちは子ども3人、孫2人すべて女です。

育てていて感じるのは男の子と女の子では、生後まもなくでもすでに差があるということ。女の子は1歳くらいからウソ泣きをする社会性を持っているのですから。

私が育てたのはみな女の子ですが、よそのお子さんを見ていても男の子は力尽きるまで泣くけれど、女の子は泣きやむのがとにかく早い。

よく子どもは「これ買ってほしいーっ！」とフロアに寝転がってぐずることがあります。これは男女関係なく同じなのですが、女の子は無理だと悟った瞬間、さっと引く。男の子はいったん感情に火が付くと途中で止められないようですが、女の子は駆け引きに持ち込みます。そして、自分に分がないと思ったらアッという間に交渉のテーブルから降りてしまいます。男の子はそんなことはしない、というよりできないのです。悲しいほど無計画です（笑）。女の子は目的があれば愛嬌もふりまくし、ぐずってみて「それで手に入ったらもうけもん」くらいのウソ泣きは平気です。

パパはつい、それで騙《だま》されてカモにされてしまうことが多いようで、完全に女の子の戦略にはまってしまっています。女の子はその辺もうまく見極めていて、絶対に買ってくれない人のところには、はじめから行きません。男の子はやみくもに向かっていって、玉砕しているというのに。女の子は戦略がはっきりしていて、無駄なことには手をつけないしたたかさがあります。

女の子は成長が早く、私が保育園に孫の送迎に行くと、3歳くらいの女の子たちが入れ替わり立ち替わりで寄ってきて「○○ちゃんのお母さんがどうした」とか、いろいろな噂話や世間話をしてくれます。3歳ですでにおばあちゃん化しているのだから、驚きです。「女の子はこんな早い時期から女になっているのだなあ」と感心するばかりです。

「子どもは社会の宝」と考えよう

出張で東京に行ったときのことですが、新幹線に1歳半くらいの赤ちゃんを連れたおかあさんが乗ってきました。そのおかあさんが「すみませんね」と言うので、「いやいや、うちの孫と同じくらいだし、慣れているから、気にしないでください」と返したのですが、ふと気がつくと、席にいなくなっている。そうこうしているうちに降りる駅が近づいてきたので出口に向かったら、その親子がデッキのところに立っているのです。どうやら赤ちゃんが泣いたりするのを気遣って席を外したよう。それを見て「かわいそうに。そんなに気を遣わなくてもいいのになぁ」と思いました。

日本の社会は子育てをする人にやさしくありません。マタハラ（マタニティハラスメント＝職場で妊娠した女性に対して退職への圧力をかける行為）もありますし、子どもは個人の責任で育てなさいという無言の圧力が強いように思います。「子どもが泣いたら親の責任」「車内でうるさくする子どもを静かにさせないダメ親」など、母親だけを責めるのはいかがなものでしょう？　「子どもや赤ちゃんがいることが素晴らしい」という大前提のもとに社会が成り立っている欧米とは大きな違いです。

私の患者さんの中にも「子どもが小さいのでご迷惑なのでは」と診療を遠慮する人がいますが、「大丈夫ですよ」と言うと気が楽になるようです。子どもを遊ばせながら問診したり、時には子どもが私の肩に乗ったままお話をするなんてこともあります。

若い女性が子どもを産んで虐待すると、「育てられないのに産むからだ」と非難されることがありますが、成熟した大人が計画的に産んだとしても、子どもをしっかり育てることができるかどうかはわかりません。子どもを産みづらい社会になってしまい、その結果、子どもが生まれなくなれば人類は滅亡してしまいます。

子どもあっての社会。育じい活動を通じて、せっかく生まれてきてくれた子どもは社会全体でみるものだという寛容な意識を育てていきたいものです。

コラム1

育じいによる保育園ボランティア構想

私は保育教育にもっと力を入れるべきだと思っています。

ひと昔前は「親の都合で保育園に行くなんて子どもがかわいそう」といった風潮もありましたが、今は違います。先生方も本当によく子どものことをみてくれるし、子どもの成長にもよい影響があるのだと、子どもたちや保育園に楽しそうに通っている孫たちを見て実感しています。

若い頃は私も子どもは小学生まで、どんな教育を施してもあまり色がつかないと思っていましたが、実際はそうではありません。特に5歳頃まではいろんなことを吸収していきます。その時期には親からの教育だけでなく、社会教育も必要です。

小学校に入ってから勉強を教えますが、社会教育やしつけはその前から始まっています。親の手だけでは厳しすぎたり、甘すぎたりと差が出るので、標準的なしつけを保育園にしてもらったらいいのではないでしょうか。

いっそ、保育園を子どもみんなが通うという義務教育にしてはどうでしょう？ 虐待も児童相談所より早く見つかりそうです。義務教育化でみな一斉に保育園に通えば、仕事をしているママが入園待機なしで預かってもらえて助かるのはもちろん、そうでないママもゆとりある時間で家事をこなしたり、自分の時間を楽しめるようになります。基本的に全員を朝9時～夕方5時で預かるけれど、働くママなら時間を延長しましょうとか。そんな余裕が生まれれば育児ストレスで苦しむ人は激減し、子どもを産みやすい社会へと変わっていくのではないでしょうか？

虐待に対して、「かわいい子になぜ暴力をふるうのか」と世の中は問いますが、四六時中一緒にいると、大変すぎてかわいいなどと思えなくなるのもわかります。中には若気の至りで遊びたい盛りに産んでしまって困っている人もいるかもしれません。それでも少子化の世の中に生まれてきてくれたのですから、社会全体で面倒をみようと考えることが大切だと思います。

保育園は待機児童の問題を抱えています。保育士さんは児童数が定員いっぱいにもかかわらず子どもの面倒をこまめにみてくれ、かなりの重労働です。それなのにお給料はあまり高くない。介護と同様、保育園の数の整備や保育士さんの待遇向上を、ぜひ政府に解決してもらい、保育士になりたい若い人を増やしてほしいと切に願います。

実際に私たちができそうなこととして提案したいのが、育じい世代が保育園にボランティアに行くこと。早朝や夕方以降は、保育士さんを必要最低限のシフトにして、見守りだけでもいいから、足りない人数をじいさんたちがボランティアとしてカバーするのです。

育じいのボランティア時間は朝夕一日2時間ずつ、暇なじいさんは一日中いたっていいと思います。先生だけでは重労働だし、人数を補充すると人件費が高くつきます。そこを費用のかからないボランティアで賄えば、保育士さんを増員するにし

ても採算がとれそうです。

育児ができる人たち（そのためにはじいさんの教育も必要です）でボランティア団体を作って登録制にし、登録者たちでシフトを組みます。朝は通園路に立つなど、いろいろと役に立てる活躍の場が広がりそうです。

子どもや孫のいない高齢者も地域で子どもを育てることで社会に参加できるいい機会になります。子どもたちにも、パパママ世代だけでなく、さまざまな世代と日常的に触れ合うので教育面での好影響が期待できるでしょう。夜7時くらいまで活動したら、そのままじいさんたちで飲み会を開いたりすると楽しそうですね。そうすれば、ば

あさんもじいさんの晩ごはんの面倒をみなくてすむので喜びます。

自分の孫だけでない「外での育じい活動」で社会を活性化。こんなふうに保育園を中心にしてコミュニティを復活させたら、うまく社会が回っていきそうです。それがむずかしいなら、近所に保育園のお迎えで困っているママがいれば、お迎えを喜んで引き受けるのも外での育じい活動のひとつです。

社会で戦力外になったじいさんたちを、たとえ孫がいなくても有能な育じいとして戦力にするいいシステムだと思うのですが、いかがでしょう？

第三章

育児がじいさんを救う

育じいのメリット　その1

健康増進と認知症の予防

娘が仕事を続けるためのサポートとして始めた育じいですが、自分のためにもメリットがたくさんあることに気がつきました。

育児はとにかく体を使うことの連続なので、まず体力がつきます。しかもくたくたに疲れるので、よく眠れるようになります。

私の場合、午後9時や10時に、孫より先にソファーで寝落ちしてしまうことがしょっちゅうです。そんなときは孫らに怒られ、顔を引っ張られたりして起こされてしまいます。

不眠で悩んでいるという60歳以上の人が多いですが、寝られないという前に、孫と一日中遊んでみてください。睡眠薬を飲む必要がなくなり、夜ぐっすり眠れることに

認知症予防に関連する要因（65歳以上でのオッズ比）

「オッズ比」とは、例えば「食事用意可」の場合、「食事用意不可」に比べ、認知症を発症しない（認知症にならない）確率が3倍以上であることを意味します。

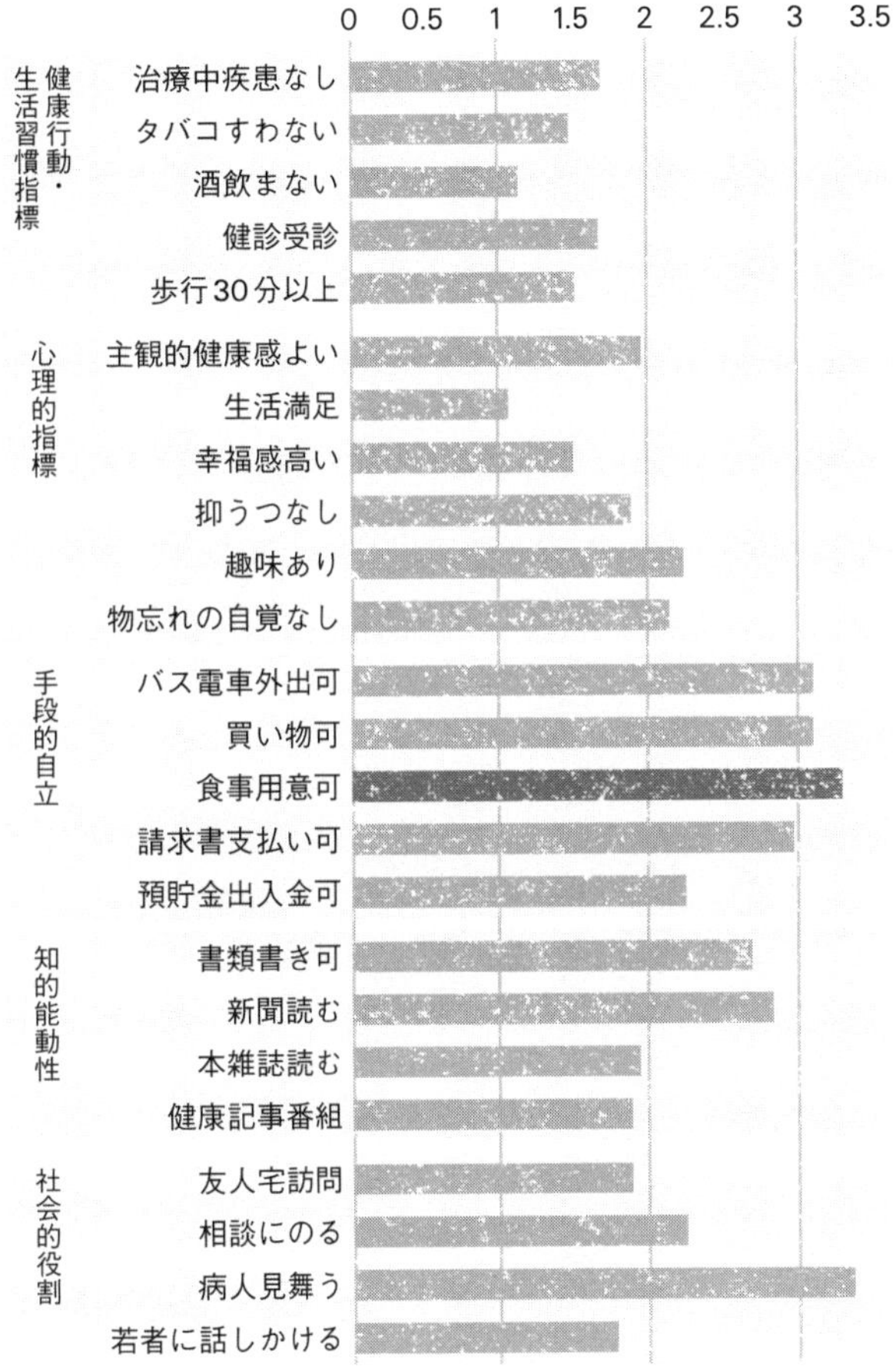

出典：星城大学リハビリテーション学部作業療法学専攻　竹田徳則教授
「地域在住高齢者の認知症発症と心理・社会的側面との関連2007」

愛知県A町在住の65歳以上で要介護状態にない2725人についての
2000〜2005年の5年間の追跡調査

驚くはずです。ジムに行くより安上がりで、肉体的にも精神的にも健康になるのが育児のご褒美です。

赤ちゃんを抱っこし続けるのも筋力勝負。上の孫が赤ちゃんの頃は、さほど苦ではありませんでしたが、だんだんと成長して、さらに次女も生まれてふたり一緒に抱っこするようになると、さすがに重い。そのうえ荷物を持って歩くのでさらに重い。しかしえらいもので、日々抱っこしているうちに、徐々に筋力も上がってきています。今では5歳と2歳の子どもをいっぺんに軽々と抱っこできるようになりました。継続は力なりです。

また、育児で体力を使うとお腹が空くので食事がおいしくいただける。これも素晴らしいことです。孫が残したものをついついもったいないと食べてしまうので、太るのが玉にキズなくらいでしょうか？

最近のデータによると、料理を作ると認知症の予防になるそうです。孫たちのごはんを作ることは、自分の認知症予防にも一役買ってくれそうです。ついでに自分の昼食も作ると、妻にも喜ばれます。

何よりも、料理ができると孫がよくなついてくれます。食料をくれる人に従うのは動物の本能なのでしょう。こうなるとますますヤル気も湧いてくるというもの。作るのは、簡単な料理でいいのです。「『育じい』のええ加減離乳食レシピ」（49ページ）を参考にしてみてください。

育じいのメリット　その2

妻への罪滅ぼし

育じいのもうひとつの大きなメリットは「育児の大変さを実感する」ことです。

おそらく、団塊の世代の男性は子育てを妻にまかせっきりだったのではないでしょうか？　そして、そのことに何の疑問も持っていないという人も多いはずです。しかし妻側はどう考えているのでしょう？

ここにデータがあります（106～107ページのデータ参照）。

「夫源病」アンケートによる妻の本音

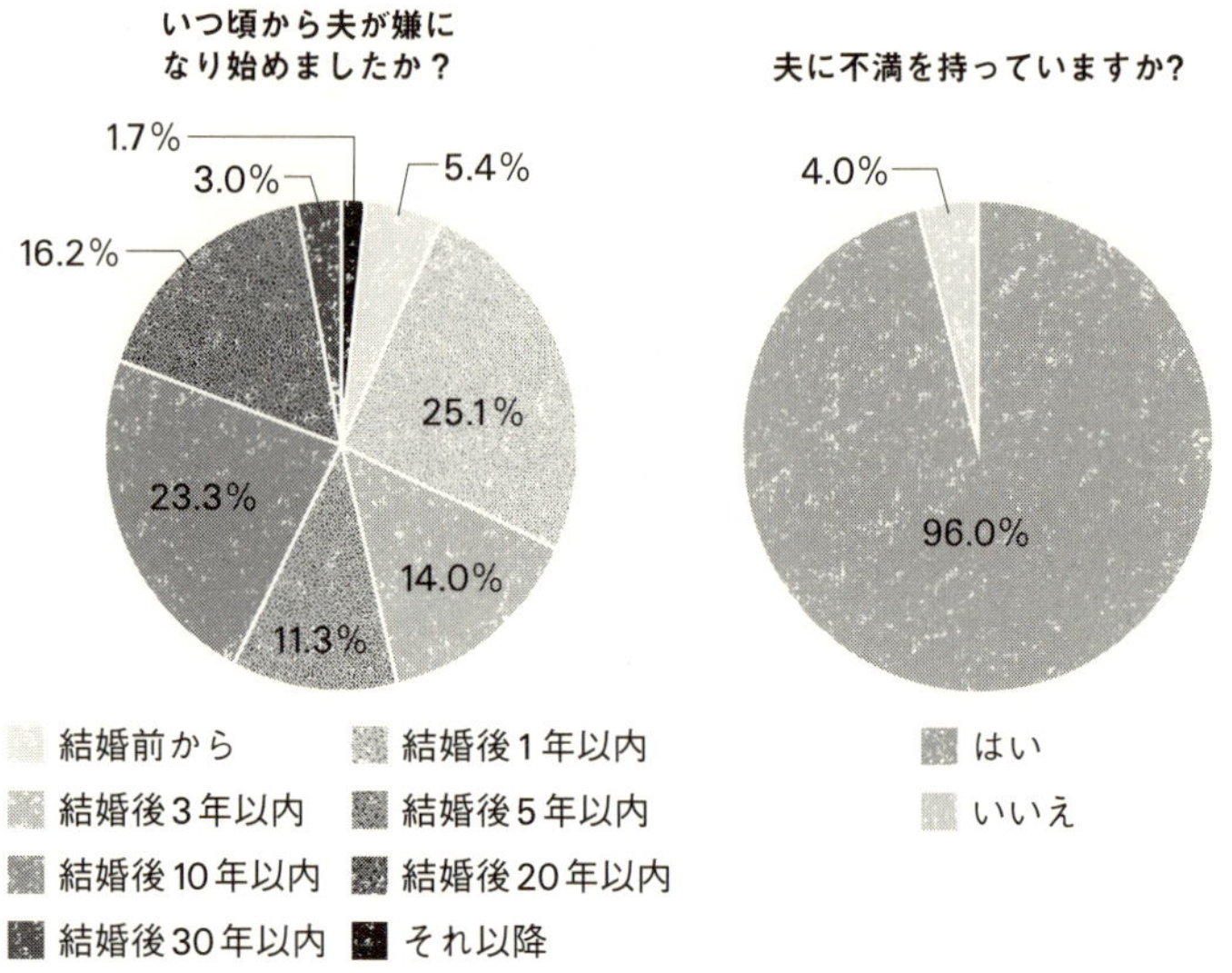

出典：ゆほびか携帯メールマガジン「夫源病」アンケート2012

夫源病について雑誌『ゆほびか』（マキノ出版）の協力を得て行ったアンケートより。対象は1217名の既婚女性（平均年齢46.4歳、平均結婚年齢18.9年）。夫に不満を持つ妻がなんと96％！　そのうち結婚5年以内に夫が嫌になったという妻が過半数を占めている。

『妻の病気の9割は夫がつくる』（マキノ出版）を出版する際に調査したところ、結婚5年目までに約6割もの妻が夫を嫌になっていることがわかりました。これを私は「パパイヤ症候群」と名づけましたが、NHKの番組『あさイチ』では出産を契機として夫婦仲が悪くなる現象を「産後クライシス」として取り上げ話題になりました。

　本来しあわせなはずの出産時期になぜ夫婦仲が悪くなるのでしょうか？　それは出産

夫婦の愛情曲線の変遷

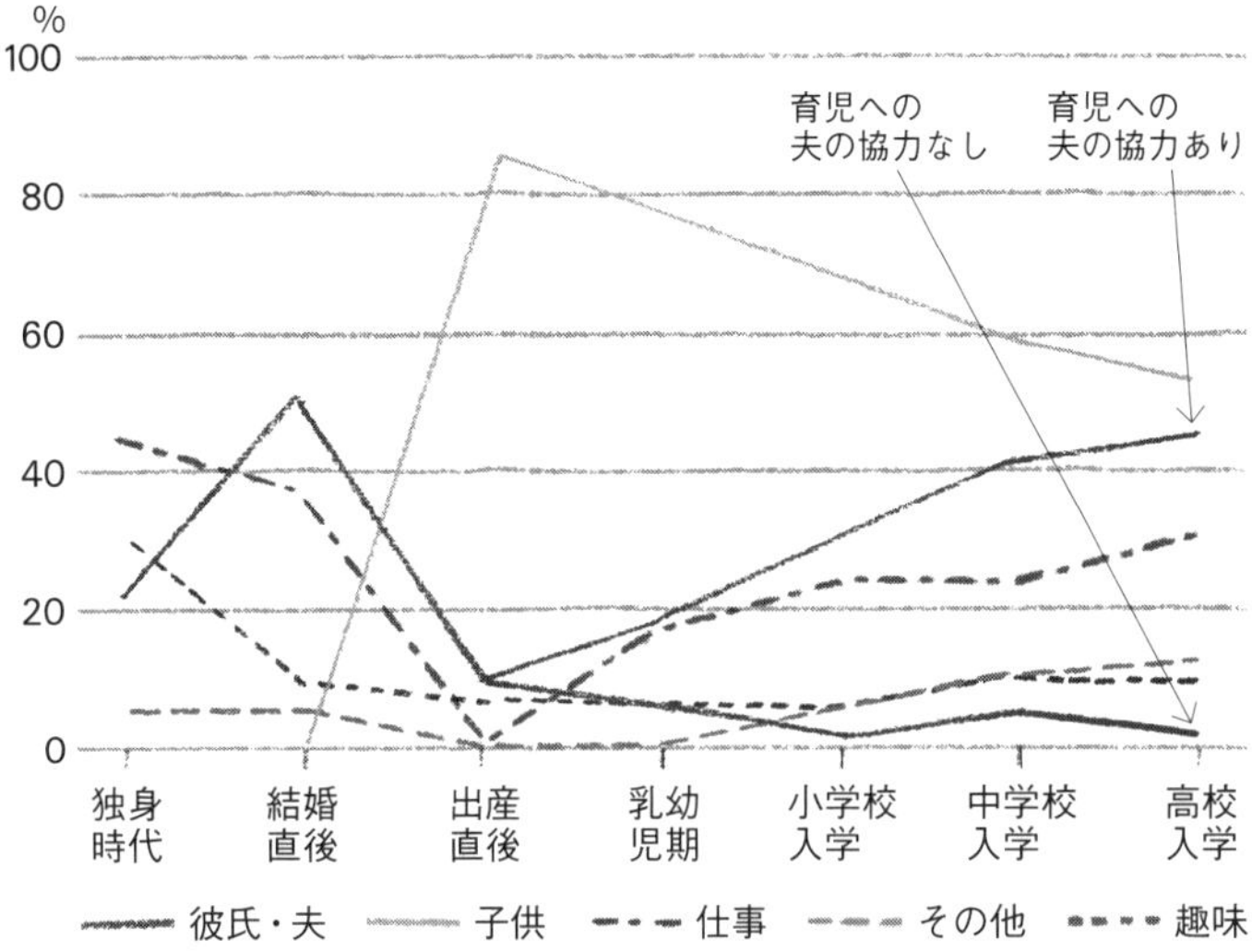

出典：ダイバーシティ・コンサルタント（兼 東レ経営研究所）の渥美由喜氏による調査『女性の愛情曲線の変遷』

結婚直後の愛情は夫に注がれるが、子どもが生まれるとその座は子どもに奪われる。その後、夫への愛情が徐々に回復していくグループと低迷するグループに二極化。「夫とふたりで子育てした」と回答した女性の夫への愛情は回復し、「私ひとりで子育てした」と回答した女性の愛情は低迷。

直後の夫の育児や家事への関わり方について、妻の不満が鬱積《うっせき》することで起こるようです。産後はホルモンバランスが急激に変化し、慣れない子育てへの不安など精神的な問題も大きいですが、それ以上に夫の関わり方が夫婦間の溝を深くするようです。

　夫側にも言い分はあるでしょう。子どもができる30歳前後は、責任ある仕事をまかされるわりに権限はなく、時間を自由に使えない立場。就労時間も増え、家での時間が減ることから疲労困憊《こんぱい》し、育児どころではありません。欧米のように定時に仕事が終わる社会なら、思うように子育てができるでしょう。そんな事情を無視して「パパだからがんばって」というのは少し無責任かもしれません。

こうした夫婦の考え方の違いから、離婚に踏み切りシングルマザーになるという選択をする人も。ここで不満を飲み込み続けた妻の不満が再び噴きだすのが20〜30年後、つまり夫の定年前後。その結果、熟年離婚に至るようなのです。

熟年離婚の理由は、直近に起こったことへの不満というのは案外少なく、育児期に持った夫への恨みを引きずり、さらに定年後の夫のうっとうしさに不満が爆発して離婚するというパターンが大変多いのです。

近年、子育てをしない夫への不満で離婚する若い夫婦は少なくないですが、昔はそこでぐっと我慢する妻が多かった。ところが今になってそのときの不満が噴きだすものだから、夫は「急にどうしたんだ！」と驚くことになります。妻たちの育児にまつわる恨みはこんなにも根深いのです。

といっても、今さら子育てをやり直すわけにはいきません。妻との深い溝を埋めるには、妻の気持ちを理解することです。子育てを経験すれば妻の苦労がよくわかります。感謝の気持ちを持って妻に接することで、積年の恨みはなくならずとも、互いに歩み寄るきっかけにはなるでしょう。熟年離婚されないためにも、子育ての大変さに共感することは大事なことです。

かくいう私も、奥様に大変な迷惑をかけたせめてもの罪滅ぼしに、孫の面倒を一生懸命みている次第でございます。

育じいのメリット　その3

しあわせホルモン「セロトニン」の減少を防ぐ

「保育園ができたら子どもの声がうるさいし、イライラするから反対」などとクレームを言う年寄りがいるそうです。保育園義務教育化や育じい保育園ボランティア構想を提唱する私からすると、そんなクレームはとんでもない！

個々に事情はあるのかもしれませんが、自分の健康のことばかり考えているから出てくる意見なのではないでしょうか。自分の権利ばかり主張せず、「人のために」というふうに考え方を変えると、そんなことはあまり気にならなくなるものです。こういう人こそ、日中子どもと接して疲れることでぐっすりと眠れるようになるでしょう。

高齢になって、次世代のことを考えられず、自分のことばかりが気になるというのは、精神を安定させる働きがあるセロトニンが年齢とともに少なくなってきて、あらゆる物事に気持ちが耐えられなくなってきているからだと考えられます。

老人のごみ屋敷問題や、暴行事件などといった報道がされ、今や社会問題化されていますが、こういった事例は精神医学的に説明ができ、治療が必要な領域です。

そういう人こそ、育じいに！

育児は「しあわせホルモン」であるセロトニンの減少を防ぐ効果が期待できます。

孫を外に遊びに連れていくだけでも、季節の変化を発見したり、陽の光を浴びたり、軽く体を動かしたりとリフレッシュでき、精神を安定させる効果があります。その他にも、料理や遊び、お出かけなど、孫育ては常に驚きと発見のある新鮮な体験です。子どもたちのため、孫のため、そして自分の老化防止にぜひ育じいを！　家族のしあわせのために、定年後の男性にしかできないことなのだと思ってください。

育じいのメリット　その4

孫連れ旅で熟年離婚回避

熟年のご夫婦は孫を連れて一度旅に出てみてはどうですか？　孫はきっと喜んでくれるでしょう。しかし、私が孫連れの旅行をおすすめするのは、孫のためではなく、主に育じいとばあさん夫婦のためなのです。

「夫源病」と、その予備軍の熟年夫婦にとって、旅行は鬼門中の鬼門です。新婚旅行の成田離婚（古い？）のように、豪華客船での旅行が不満を爆発させる引き金になって離婚する熟年夫婦も多いそうです。私も夫婦で団体旅行に行って周囲を見回すと、おしゃべりを楽しんでいる夫婦は本当に少ない。大阪のおばちゃんグループらしき女性たちが、かしましいほどにぎやかなのとは対照的です。日々顔を合わせているから今さら会話もないし、旅行に行っても面白くないというのであれば、発想を変えて孫を連れていくといい変化が出てきます。何かと孫の世話をすることで、夫婦間にコミュニケーションが生まれるからです。

先日、京丹後で講演会を頼まれたので、夫婦で前泊して結婚記念日のイベントにしようと計画を立てました。地元で幻のカニと呼ばれる「間人《たいざ》カニ」を食べようと奮発していい宿を予約したまではよかったのですが、あろうことか娘がその日に当直を入れてしまい、「子どもはどうする⁉」という事態になりました。仕方なく、孫たちも一緒に旅行に連れていったのですが、これが思った以上に面白かった！　孫がいるので夫婦ゲンカするわけにもいかず、子どもの視点が加わることで景色も違って見え、立ち寄る場所にもバリエーションが出てきます。孫は喜んでくれるし、おいしいものをみんなで食べて、とても楽しい旅になりました。

子育てを終えた夫婦が、孫連れの旅ができるというのは、しあわせなことだと思います。パパとママも2日間子どもがいなければ、「ちょっとディナーに行ってみようか」と夫婦の時間を持つきっかけになるでしょう。じいさん・ばあさん夫婦は孫を介することで会話が増え、関係を再構築できます。

旅がむずかしければ、平日に孫を動物園や遊園地に連れていくのもよいと思います。若い頃は「仕事で忙しいから、お前が連れていけ」などと言っていたじいさんも、今なら余裕を持って楽しめることでしょう。

育じいのメリット　その5

メリハリあるスケジュールで規則正しい毎日

孫がいると、自然と毎日の生活が規則正しくなります。例えば保育園に朝8時過ぎに送っていき、夕方5時過ぎにはお迎えに行きます。そうすると一日にメリハリが生まれリズムがつくので、心身ともに調子よく過ごせます。

私の育じい仲間は、孫が夫（婿）の実家に帰省し、保育園に送っていく用事がない長期休暇になると、つい「しんどいなぁ」と朝9時、10時までだらだらと寝てしまって、だんだん体調が悪くなるといいます。

子どもには保育園や学校があるから、送迎を担当する育じいは登園時間に合わせて動かざるを得ません。熱があっても、寝不足でも、どんなにしんどい朝でもその時間に起きて支度を済ませ、送っていかなくてはならないというのは一見「つらいこと」ですが、長い目でみてみると生活にリズムが生まれ、実はいいことなのだと実感できるはずです。小学校にあがると自分で学校に行ってくれるので多少楽になりますが、基本的な生活リズムは保たれます。

子どもが保育園や学校に行ったあと、朝9時から夕方5時くらいまでまとまった自由時間ができるのもメリットのひとつです。これが、用事がないからと10時過ぎまでだらだらしていたら、あっという間に一日が過ぎてしまい、なんとなく終わっていく毎日が続くだけだと容易に想像がつきます。お迎えまでの自由時間を趣味や人との会合など好きなことにあてられると、充実した一日を送ることができます。

私は家庭菜園と釣りが最近の趣味。仕事が立て込んでいなければ、保育園に孫を送り届けて帰ってきたあと、屋上に上がって菜園の手入れをぞんぶんに楽しんでいます。

育じいのメリット　その6

気がつけば、愛されるじいさんに!?

私が開催する料理教室に来ていた人の話ですが、ある日教室で習ったハンバーグを、孫や息子夫婦が来ていたときに作ってあげたそうです。家族みんなが「お父さんが料理をするなんて！」と驚いたといいます。

そこへ、ひと口ハンバーグをほおばった孫娘が「おいしい」とじいさんのホッペにチュー。続いてお嫁さんから「おじいちゃん、とってもおいしいです」の一言。

みんなでハンバーグを食べながら、料理の出来ばえをほめてもらって、じいさんはテレながらもご満悦だったそうですが、ふと息子のほうを見ると、なぜか憮然とした表情。

「パパ、どうしたの？」と聞いてみると、

「親父は僕が小さいとき、こんなことはしてくれなかった」

とすねたとか。

きっとこのじいさんは若い頃は企業戦士で、子育ては妻にまかせきりだったのでしょう。でも、今になって自分が変わろうと私の料理教室にやってきて、料理を覚え、今度は家族のために料理を作って出してみた。すると家族がこんなにも喜んでくれた。それはとてもうれしい体験だったと思います。リタイア後に新たな自分を発見でき、人に奉仕することで喜びを得る経験ができたのですから。

こうなればまた次回、孫が来たときに「おばあちゃんが忙しいからおじいちゃんがハンバーグ作ろう

か」ということになるでしょう。「おじいちゃん、またハンバーグ作って」と孫からリクエストされようものなら、張り切らずにはいられません。さらに次回はサイドメニューを追加して「これもおいしいよ、食べてごらん」とすすめたら、レパートリーも増え、子どもの食育にも参加できます。

得意料理ができれば、家族に喜んでもらえ、孫にも好かれる育じいに。ただし、はじめから「好かれたいオーラ」を前面に出すのはNG。あくまで家族のための料理作りであるというスタンスはお忘れなく。

こんな育じいは嫌われる

私は娘夫婦が仕事をするためのサポートとして育じいをしています。ですので、孫を自分の教育指針に沿って育てようとは全く思っていません。あくまで自分の子どもが、働きながら子育てができる環境を作ることが目的です。

育児の教育方針の決定には子ども世代に主導権があります。昔とは育児をとりまく環境も違います。幸い、我が家は娘が私たち夫婦を信頼してくれているので、育て方や教育について意見が対立したことはほとんどありません。

育じいが親を差し置いて主体になることはないと思ってください。育じいになったらその辺りの立ち位置には気をつけたいものです。

中途半端な知識からママの育児を否定したり、「こういうふうな育て方のほうがいいと書いてあったよ」などと言うのは育児中のママをうんざりさせるだけ。助けるつもりが「毒じい」扱いされるハメに。基本的に娘（または嫁）から頼まれたことには、口は出さずに実務で応えるのがベストです。下手な知識や思想は不必要。むしろ白紙で臨むくらいがうまくいきます。

また、何かひとつ手伝ったことを、いつもやっているかのように吹聴したり「おむつを替えています」と周りに自慢げに言うわりに、おしっこは替えられるけど、うんちは無理など、口先ばかりの育じいも支持されないでしょう。さらにアピールがおおげさで何かにつけて鼻息荒く「どや！」という感じの育じいも、ママには扱いづらい存在です。

竹ひごを持ち出してきて「昔ながらのこういう遊びをしましょう」と、イベント的におもちゃ作りを提案したりする「自称イクメン」も、ママにうっとうしがられます。育児を楽しもうという姿勢は素晴らしい。しかし、ママが助けてほしいのはそこなのでしょうか？　日々のことがきちんとできたうえで、するのであればいいのですが、育児の〝いいとこ取り〟だけをすると、ママはあまり喜びません。

育児は毎日の繰り返し。イベント感、わざわざ感は不要です。それよりも半日ひとりで子どもの面倒をみるとか、洗濯物が乾いていれば、言われなくても取り込んでたたみ、タンスにしまうなど、日常の何気ないことを黙々とコンスタントに手伝うことのほうが大事です。

政府は女性が働かないと日本が立ち行かなくなるので、女性も働いてほしいと言いますが、女性が働く環境はまだまだ成熟していません。また、そうなったときに男はどうしたらいいかという議論もなされていません。子育てをして働いて、家族のために家事もして……。ママが倒れてしまわないように育じいたちにがんばってほしいと思います。

育じいデビューのタイミング

娘（嫁）の妊娠がわかったら、喜びとともに育じいデビューに向け、準備を始めましょう。

今まで妻に食事や身の回りの世話をしてもらっていた人は、これを機に、まず自分が自立できるよう、自分自身の昼食の用意をすることから始めます。

昼食作りから、後片づけまでがひとりで完結できれば、妻を「夫のお昼の用意」という家事から解放することができます。私の料理教室の生徒さんは、昼食については自立できるようになったので、妻が子育て中の娘の手伝いに朝から行けるようになったと喜んでいる、と話してくれました。その他にもお茶をいれる練習や、自分の衣類がどこにあるかの把握など、妻が旅行に行ったつもりで身の回りのことを自分でできるようにしていきます。掃除、洗濯、自分が出かける用意、布団の上げ下ろし、ごみ出し、ボタンつけなど簡単な裁縫までできるようになれば、上出来です。

出産後、娘が実家に戻ってきても、しばらくの間は育じいの出番はありませんが、妻は通常の家事に加えて娘の育児サポートで普段よりも忙しい。その間、言われたことの手伝いや自分のことは自分でこなしましょう。さらに、妻と娘のごはんも用意できれば、ありがたがられるに違いありません。

新生児期が終わる生後3ヵ月の間に、自分の身の回りのひととおりのことができるようになったら、おむつ替えや授乳の練習を始めます。続けているうちに、必ずできるようになるので、あせらずに修業を積み重ねましょう。

めでたくうんちのおむつまで取り替えられる育児スキルがついたなら、もう、あなたは一人前の育じいです。勇気を出して、育児に疲れた娘と妻を出かけさせてあげましょう。

3時間のひとり育児がクリアできれば、それは卒業証書がもらえるレベルです。そしてこの頃、一般的な企業ではママの産休が終わります。ママが仕事を再開するのであれば、保育園の送り迎えをぜひ引き受けてください。

育じいとして活動できるスキルを習得できれば、家庭内での働き手として十分な戦力になります。孫の誕生とともに、新しい自分に出会える転機ととらえて、レッツ育じいトレーニング！

第四章

子育てをするパパとママへ

「まあ、ええやんか」で乗り切る育児

ここからは、共働きの新米パパとママへ、ママに出産・育児で仕事を辞めてほしくないという観点からの育じいの助言です。

よく子どもに「あなたのために私は人生を犠牲にしてきたのよ！」と言う母親がいますが、子どもはそんなことを望んでなどいません。そんなに重い親子関係を勝手に構築してしまうのは子どもにとっては迷惑です。働きたいなら働いてほしいと思ってくれることでしょう。

小さな子どもは世話をして、庇護《ひご》してやらなければならない存在です。しかし子どもにいろいろと与えている以上に、こちらも子どもから教えられることは多いはずです。子どものいない人には申し訳ないですが、子育てをすることで初めて学ぶことはたくさんあります。私は個人的には子どもに恵まれなかった夫婦も養子をもらうなどで子育ての経験をしたほうがよいと思っています。それほど、子育ては学びに満ちた経験です。

子育ては人生最大の事業であり、素晴らしい経験ですが、それでも育児を生活の中心にはせず、パパもママも仕事に打ち込める環境を作ってください。なぜなら、今のがんばりが、40代、50代になったときのキャリアの礎になるので、仕事を中断させるのはあまりにもったいないからです。

女性も出産や育児でキャリアを中断させずに構築していってほしい。そのためには、ママが負担にならない子育ての方法を夫婦で共有することが不可欠です。子どもに手がかかる時期は人生の一部分です。

私のような育じいや、周囲のサポーターを巻き込みながら、肩ひじ張らずに「まあ、ええやんか」で育児を乗り切ってください。

ええ加減でも子どもと向き合っていればOK

レストランで食事をしていると、よく小さい子どもにゲームを与えて間を持たせている家族を見かけます。子どもがおとなしくしてくれるので、親は楽なのでしょうが、親が便利だからと与えていると、将来ゲーム依存症になってしまうかもしれません。それなら絵本を読んであげるほうが、3年後、5年後のリスクは減ります。今は手間がかかるかもしれませんが、便利なものはプラスになる反面、マイナス面も多いことを意識しなければなりません。

お迎えで保育園に行くと、親たちがスマホを触ってばかりいるのにびっくりします。LINEのグループなどは一斉連絡に便利なので否定はしませんが、LINEってどこで終わったらいいのかわからなかったりしませんか？　必要以上にやりすぎて、スマホに依存し、ノイローゼになってしまう人もいるようです。世の中がどんどん便利になっていくのはいいのですが、便利さには裏があると考えていいと思います。布おむつは不便だけど、赤ちゃんが不快さを嫌がることでおむつが早く取れるといわれています。とはいっても、外出時などには便利な紙おむつを使ってもいいと思います。何を使うにしても、そのプラス面とマイナス面を考えることが大切です。

こんな時代だからこそ、忙しい親は、限りある自分の時間をどんな配分で子どものために使うのかが勝負です。便利なツールを活用すれば、自分

の時間を作ることができますが、おとなしくなるからとテレビやゲームにお守りをさせて放っておいたら、小学校の高学年になって暴れるようになってしまったなど、結局後でツケが回ってくることにもなりかねません。

私が「ええ加減でいい」と言うのは、例えば料理を1時間かけて作るところを、無駄を省いてええ加減に15分で仕上げておいて、時間を作るということです。

子どもと向き合うことをええ加減にしてはいけません。ええ加減で作った時間を、子どもと向き合うことに費やしてください。

逆に子どもときちんと向き合っていれば、あとは多少ええ加減でもOKです。

育児に夢を見ないほうがよい

テレビやブログではママタレントたちが「うちの子はこんなにかわいくて、私はこんなにおしゃれママ」とアピールしています。こぞって「いいところ合戦」をしていますが、育児はいいところばかりではありません。イメージ重視のタレントが子育てのマイナス面を言うわけはなく、見えないところではきっと大変な苦労をしながら子育てをしているのだと思います。

そんなタレントたちの「おしゃれで素敵なママ&ベビー」というイメージを鵜呑《うの》みにして、「私は全くできてない」と現実とのギャップに落ち込むママも少なくありません。新米ママにとって相談をしたくても両親が遠くに住んでいたら、頼るのはマスメディアの情報か、ネットか、教育的な育児書だけなのですから。

しかし、それは実際の自分の育児に当てはまるのでしょうか。大御所の育児書だって書いているのはほとんど男性でしょう。自分で育てたことがあるかどうか、私は疑問だと思っています。子育ての現場を実際に経験した人の言葉であったとしても、語られているのは万人向けの最大公約数的な一般論や理想論。その子に当てはまるかどうかはわかりません。ですから、予想どおりにいかないからと落ち込む必要はないのです。

一方、育児に本腰を入れて取り組もうという男性（育じい、新米パパ）はどうも育児書から知識を得ようとしたがるようです。男というものは形や理論から入りたがるところがあるので、そうしたい気持ちはよくわかります。でも、そこに書かれているのはあくまで理想であり、一般論。現実に即したものではないのです。子どもの成長には個人差があるし、性格だって同じ親から生まれた姉妹ですら異なります。想定外のことが起こるのが育児なので、理想の世界に当てはめて考えれば考えるほど現実がはみだしてきてしまうのは当たり前。

最悪なのは知識を掲げて「それ違うんじゃない」とママやばあさんに意見する自称

イクメン。もれなく嫌がられる行為です。

昔は育児書なんてなくても子どもは育ってきたものです。うちの子はうちの子に合った方法を、毎日接しているうちにあみだしていくものなのだから。育児書はアイデアを参考にするくらいにしておきましょう。この本だって、そういうふうに使っていただければいいと思っています。誰にとっても育児は重労働、絵にかいたような理想の育児を夢見ないようにしてください。

育じいに子どもを預ける心構え

子どもを預けるママは、育じいに「育児の方針」という大きな幹をしっかりと示しておくことが必要です。育じいたちはあくまでサポート。育児のかじ取りは常に自分たちに主導権があります。ただし、日々の細かい実務は「育じいのやり方に理解を示していただきたいなぁ」と現場の育じいは思います。

うちの娘も上の孫が生まれた当初は「ああしてほしい」「これはやらないで」「オーガニックのこっちを使ってほしい」など、いろいろと自分のこだわりを私たちにリクエストしてきました。こちらも日々の生活の中に孫育てを組み込んで動いているので、さすがに全部は対応できません。ある程度自分たちのやりやすい方法にまかせてもらえるよう娘と話し合い、折り合いをつけました。それ以降、特に私のやり方に口は出さず、まかせてくれているのでトラブルはほぼありません。

初めてのお子さんができたママが、思い描いていた育児の理想を実践したくなる気持ちは理解できます。自分で育児をするのであれば、負担のない範囲で自分の好きなようにするといいでしょう。しかし、親や第三者に子どもをまかせる以上、細かいことは預けた人のやり方にゆだねるという思い切りを持つようにしましょう。

最近では、保育園のおやつや食事の素材、排泄の仕方などに細かくクレームを入れる親がいるそうですが、アレルギーなど、よほどのことがない限り「信用して子どもを預けたのだから、実務に対して口出しはしない」「おまかせする」という覚悟が親にも必要だと思います。どうしても譲れない部分があるのなら、ていねいにコミュニケーションをとって歩み寄ることが必要です。

反対に、育じいは基本的な教育方針について、子ども夫婦に意見することは避けなければいけません。百歩譲って、「こういう考え方もあるよ」という提案は伝えたとしても、最終決定は子ども世代の判断が優先です。

育じいも、ママも、育児に共に携わっていくメンバーとして、自分たちが越えてはいけないラインを常にわきまえ、意識することが大切（欲を言えば「ありがとう」という言葉を添えていただくと、サポーターはますます張りきります）。

私がイクメンをすすめない理由

私はパパの育児＝イクメン推奨派ではありません。子育てに関して家の中に指揮官は2人もいらず、育児を取り仕切るのは基本的にママにまかせればいいと思っています。育児に関するパパの役割はママの補助で十分。育児のスキルだけを身につけて、ママにいらぬおせっかいや助言をしないことです。そもそも男性は育児に向いていません。

おっぱいもなければ、出産・子育てに耐えら

れるような女性ホルモンもない。男性にあるのは闘争心を駆り立てる男性ホルモン（テストステロン）です。

また、男性はひとつのことに集中するのは得意なものの、いろいろなことに気を巡らせるのは元来得意ではありません。また、いいイクメンを目指す男性は総じて真面目でがんばり屋さんです。家庭だけでなく会社でもがんばるので、エネルギーを消費しすぎ、そのうち過労状態やうつ状態になってしまう可能性も。男性ホルモンにそれを癒やす力はありません。

パパはまず仕事で経済的に家族を支えてください。いくらきれいごとを言っても経済的に成り立たなくては家庭で父性を発揮するどころか、家庭崩壊にもなりかねません。さらに育児を極めようとして細かい知識や高いベビー用品を取りそろえ、ママが少しでも手を抜くと細かく注意するようになってしまうと、ママにとっては手伝ってもらわないほうがマシで

しょう。

それより育児はおおむねママにまかせて、有事に備えて英気を養っておくことです。そしてママが疲れてきたら「僕がみておくから、ちょっとヘアサロンにでも行っておいで」とママに休んでもらいましょう。昼寝でもエステでもネイルでも買い物でも、自由にさせてあげて、自分は最低3時間ひとりで育児をこなすこと。夫婦一緒にがんばるよりは、どちらか一方が子育てをし、もう一方は適当に休憩し交代できる状態にしておくほうが効率的です。

ただ、育児はサブでも家事はできるだけ分担し、責任を持って行うことをおすすめします。男性の中には、いまだに炊事や裁縫は女の仕事と思っている人がいるようですが、とんでもない。漁師さんは船上で賄いを作ったり網を修理したりします。育児以外の家事に性差はありません。食事の後片づけ、風呂掃除、ごみ出しなどは初心者でもこなせます。それに時々の炊事と洗濯ができれば合格点。家事を分担し、育児では頼れる助っ人となり、家族みんなで協力することが楽しい子育てを長続きさせる秘訣です。

育児とキャリアの関係

私自身は娘3人を、働く妻と一緒に（妻が圧倒的に多くやっていましたが）育ててきました。20～30代の頃は周りからの相当な圧力を感じながらの育児でしたが、今は男性でも育児休暇をとることができる企業も増え、徐々に社会が変わってきています。

しかし育児世代の中心である20～30代というのは、キャリアの伸びしろが大きい時期です。その時期に仕事から離れて長期の育休をとっていたら、経験不足で会社に居場所がなくなる可能性もあります。

いろいろな考え方があるでしょうが、先にも書いたように、私は仕事のキャリアは優先させてほしいと思います。

ですから、私は娘や婿に「子育てしなさい」とは言いません。

「一生懸命働いたらいい。その代わりに私たちがサポートします」と、育じいを買って出たので、娘は産後早い時期から保育園と私たち夫婦に子どもを預けて働いています。親を頼ることができなければ、ママが働いたお金を全額つぎ込んでも、シッターさんや保育園にお願いしたほうがいいとさえ思っています。私たちも現役時代はシッター代にずいぶんとつぎ込みました。勇気のいることですが、それはおそらく40〜50代になった頃に倍になって戻ってくる。目先のお金や育児を優先させてキャリアを中断させてしまうと、がんばった人と大きく差がついてしまうかもしれません。

たとえ3年産休をとったとしても、子育ては3歳では終わりません。3歳には3歳の問題が出てくるし、3歳から預けるなら、3ヵ月から人に預けても変わらないのではと私は思います。3ヵ月の子どもは保育園を嫌がって逃げたりしませんし、それが当たり前のように受け入れます。もちろん、保育園に通わせたくてもできない事情があると思います。特に都市部の保育園問題は深刻ですから。

子育てが一段落したらと言う人がいますが、お金の面まで考えたら大学を卒業するまで一段落などしませんし、私たちは子育てがやっと終わったと思ったら、今度はいきなり孫育て。子どもから孫へと変わっただけで、妻と「いつまで続くんだろうか」

と話しています。

成人しようが、いくつになろうが、子どもは子ども、親と子です。

私は「子どもらが優しくなったら、そろそろ我々の寿命と思ったほうがいいぞ」と妻に冗談まじりに言うのですが、子どもから完全に手が離れるのはきっとその頃でしょう。

ワーク・ライフ・バランスやファザーリングという言葉もぽつぽつと認知されるようになってきました。30年後くらいには男女のどちらともが平等に育児しながら働ける社会がやってくることになるのでしょう。

でも現在進行形で育児と仕事をどう両立させるかで悩んでいるなら、そんな時代の到来の途中で犠牲になるより、私たち育じいが子どもたちの世話をカバーするなどの手段で折り合いをつけるのが現実的な手段です。育じいや周りのサポートを受けたり、有給をやりくりするなど今ある環境の中で手を尽くして、キャリア構築に貴重なこの時期をどうか大切にしてください。

産んだら間をおかず職場復帰を

育児休暇をとらないママは、産後退院したらすぐに仕事に復帰する準備を始めます。ゼロ歳児を預かってもらえる施設は少なく、そのために復帰を断念する女性も少なくありません。私もいろいろな地区で男女参画委員を拝命していますが、保育園を増やしても一向に待機児童が解消されないのです。というのは、最初から入園をあきらめている人が多く、待機児童の数が減ると最初はあきらめていた人が次々と申し込むので、一向に減らないようです。

フルタイムで働く人や母子家庭など、困っている度合いの高いとされる人から入園の優先順位が決まってくるので、フリーランスやパートタイムで働くママは保育園に入るハードルが高いのが現状です。

早く職場復帰しようとしても、現状では公立や認可保育園に入るのはむずかしいので、認可外保育施設を利用することになります。内容の充実した施設はたくさんあるし、うちの娘も一時は認可外保育施設のお世話になりました。先生方はみなさんとても親切で安心していましたが、認可外だと補助が受けられない場合があり費用がかさむことから、途中で認可に切り替えました。ただ、認可外保育施設には夜遅くみてくれたり、送迎を請け負ってもらえる、融通がききやすいなど、メリットが多くあります。あるいは食育に特化している、英語教育を行っているなど、そこならではの特色も魅力です。どちらもメリットを活《い》かして上手に利用できればいいと思います。

認可でも認可外でも、運よく保育園入園が決まれば、次は準備です。移動手段やルートの確認、病児保育をしてくれる施設のリストアップもしておくと安心です。一番大切なのは誰が送って迎えに行くか？　パパや育じいたちのスケジュールをお互いで共有するシステムを作っておくとよいでしょう。

休日はイベントより休息重視で

子どもがまだ赤ちゃんのうちから、思い出作りにとディズニーランドやＵＳＪ（ユニバーサル・スタジオ・ジャパン）、有名観光地に連れていきたがるイベントパパが多いようです。日頃十分に子どもと接していない罪滅ぼしをするかのように休日ごとに出かけよう

としますが、子どもにとってもママにとっても、実は迷惑なことだと気づいてください。

ママの気晴らしになるなら、たまの外出はよいとしても、子連れでの長時間のお出かけは支度も大変（赤ちゃんとの外出はミルクやおむつ、着替えの用意など大量の荷物が必要）だし、トラブルも多い。アミューズメントパークには乳幼児が乗れるアトラクションは少なく、週末や休日は特に人が多くて混み合います。結局人混みにもまれて疲れが残っただけということになりかねません。

それに、まず間違いなく子どもはそのときのことを何も覚えていません。脳の構造上、乳幼児期にはまだ記憶力が発達していませんから。

加えて、お出かけするとついつい夜が遅くなったり、子どもの生活リズムが崩れたりしてしまいます。うちも娘夫婦が孫たちを連れてよくＵＳＪに行くのですが、混んでいると思うように動けず、帰ってくるのが遅くなりがちです。すると翌日、かなり高い確率で子どもが疲れから体調を崩します。熱を出してしまったら保育園に預けられず、家族のだれかが看病で手をとられ、仕事に支障が出ることも。何より体調を崩してつらい目にあう子どもはたまったものではありません。子どもが小さいうちは休日にお出かけしても日の高いうちに帰ってくるくらいの節度が必要でしょう。テーマパークや水族館の年間パスの元をとろうと躍起になるより、子どもの健康管理に目を向けてほしいと思います。子どもには規則正しい生活リズムが大人以上に大切なのです。人気スポットは休日に混み合い、無用に子どもを疲れさせます。子どもが行きたがるのであれば、比較的空いている平日に育じいやばあさんに連れていってもらうというのも、いい方法だと思います。

休日こそパパが近くの公園に子どもを連れていきましょう。朝1時間、昼1時間、夕方1時間行けたら子どもは満足し、適度な疲れから夜はぐっすりと寝てくれるでしょう。平日は仕事と家事・育児に全力投球しているママなら、休日は出歩くよりもゆっくり休みたいのが本音でしょうから、ママは昼寝するなど体力を温存する時間にあててもらいます。または休日は親のリフレッシュに使うと決めて、時には子どもを預けて夫婦の時間にするのもおすすめです。

一家団欒にこだわる必要なし

我が家では、孫を夫婦でみるといってもふたりで同時にみていることは少ないです。例えば私が仕事場で書類を作っていると、向こうから孫の泣き声が聞こえます。どうも収まらないようなので、様子を見にいくと妻がちょっと手を離せない用事をしていました。そういう場合は少しの間、孫をこっちでみておき、終わったら仕事に戻ります。

今朝も妻が孫のごはんを作っている間、私は自分の朝ごはんを作っておりました。そこで「わしのは？」なんて言おうものならぶちギレられます。逆に私が孫のごはんを食べさせていると、今度は妻が自分のごはんを作って食べます。

そんなふうに、様子を見ながら今できる人が育児でも家事でも、黙ってスムーズに交代しながらやっていくとノーストレスです。

「家族っぽくない」と思われるかもしれませんが、一家団欒《だんらん》にこだわりすぎるとしんどくなります。いつでも家族全員で顔を揃えているのをよしとしなくても、別にいいと思うのです。といっても、孫にしてみたら食事はじいさんと食べたり、ばあさんと食べたり、時には4~5人で食べたりと、必ずだれかと一緒には食べているので決して孤食ではありません。

パパでも、ママでも手が空いた人が家事なり育児なりをするというのは、世話をするみなが同じスキルを持っていないと成立しません。でも、それは大してむずかしいスキルではないのです。仕事の専門スキルを習得するほうがよっぽどハードルが高い。育児は未知のものだから、ちょっと怖いだけかもしれません。ただ、それは慣れていないだけで、実践を繰り返していけば必ずできるようになります。

私は、家庭の中は育児も含めてマネジメントとして考えるとスムーズにいくといつも言っています。情とか団欒とか、理想の家族像を持ち出すからややこしい。

育児は毎日続くことなのだから、ざっくり淡々とこなせばいいと思います。

「愛情」という言葉の呪縛

子どもにはたっぷりと愛情を与えるべきだと、当たり前のように言われていますが、私は極端な話、子どもに愛情なんて注がなくてもいいと思っています。そう言うとよくギョッとされますが、愛情というものは計りようのない、あいまいなもの。よく大人になってから「愛情を注いでもらえなかった」と文句を言う人がいますが、そこまで大きくなったのは、誰かがおむつを替えて、ごはんを作ってくれて、世話をしてくれたからに違いありません。それで十分だと思うのです。

拙著『親を殺したくなったら読む本　「親に疲れた症候群」の治し方』（マキノ出版）にも書いているのですが、親は子どもを平等に3人育てても、3人の子どもはそれぞれ「そんなことはない」と言うものです。子どもは、どの子も「私を一番大事に育ててほしい」と願うもの。3人平等に育てると、「自分は3分の1」だと、結局3人全員が文句を言う。2人を平等に育てると、2人がそれぞれ文句を言う。だから何をしても文句や不満は出るものです。

愛情をかけて育てるということ自体があいまいなのだから、そんなことを論じるよりは、一日三度のごはん、食う寝る所と住む所がちゃんとできていればOK、あとは虐待しないこと。それでいいと思います。

愛情を注ぎ込んでいるつもりの過干渉は、最近では「毒母」になると揶揄《やゆ》されます。構いすぎて子どもとの距離がとれなくなるのは愛情ではなく親の都合。どんな親も完璧ではないのですから、母子が常に一緒にいて愛情を注ぐのが最善だというのは単なる思い込みなのです。むしろ他の人に預かってもらうなど、母子が密着しすぎないほうがバランスはとれるのかもしれません。

子どもは他の人と接するたびに、自分が一番心地よくなるように考えて行動します。そうやって経験を積んだほうが、世界が広がります。子どもと密着しすぎてイライラしてしまうのであれば、そんな親と一緒にいることが子どもにとってしあわせと言えるかどうかについては、よく論じられることです。

「子どもに愛情を注げているか」などといらぬ心配をするよりも、愛情という言葉の呪縛にとらわれることなく、子どもといい距離感を保つ客観性を持ってください。

医師として言うならば、できれば避けたい高齢出産

誤解を恐れずに言うと、私は「結婚はともかく、女性は早く子どもを産んだほうがいい」と考えています。医学的に言えば、残念ながら女性の生殖期はかなり限られて

います。通常妊娠だと15歳くらいから45歳くらいまで。それでも高齢になるほど染色体異常の確率は増えます。これは卵子が35歳を過ぎると急激に老化し、42歳前後で限度になってくるからです。

近年、初婚年齢が上がってきたのに伴って、第一子を産む年齢も高くなってきています。40歳前後で子どもを産むと20代で出産するよりも格段に体力が低下するため、ただでさえハードな育児がよりいっそう大変になってきます。

30代後半になると、女性は「40歳までに！」と産むことばかりに気がいくようですが、そこから先の育てる時間のほうが圧倒的に長いということに意識を向けていただきたい。そして出産を先送りにする場合の問題として忘れがちなのが、子育てと自分の親の介護が一度にやってくる可能性があることです。自分と親の年齢を考えるとそういうケースもあるということは、想像力を働かせたらわかるはずです。「40歳を越えての出産でも大丈夫！」という風潮の中、このダブルケアの問題は、最近になってやっと取り上げられるようになってきた印象があります。

私が女子学生のためのライフプランニングの講義でよく言っているのが、「みんな自分がいくつで結婚するかばかりを考えているようだけど、親の年齢も考えて計画しなさい」ということです。

結婚後20年たったら親や自分の周りはどうなっているのか？　私自身は計画的に学生結婚をしたわけではないけれど、若い頃に子どもができたおかげで、まだ体力があるうちに自分の孫の面倒をみることができています。出産が遅いと親に子育てを手伝ってもらうのはむずかしいばかりか、介護問題もかぶってくることを早い時期から考えておく必要があることに気づいてほしい。すでに仕事のキャリアを優先させて出産が後回しになってしまったのであれば、これまで積み重ねてきた知恵と人脈、経済力を生かして乗り切るしかありません。医師という立場から、できれば出産は若いうちにしておくことをおすすめします。

コラム2

女子早期キャリア育成のための「飛び級制導入のすすめ」

仕事でキャリアを積むのに忙しくて結婚・出産が遅れた、または婚活がうまくいかず晩婚になったなど、若いうちに出産できないのは、女性が仕事を持ちながら子どもを産みにくい社会構造になっているのが要因のひとつです。出産可能な年齢と社会的なキャリアプランのバランスがうまくとれていないのです。

それなら、欧米のような飛び級制を導入して、女性は早く社会に出ればいいのではないでしょうか？　赤ちゃんをみていても、女の子は男の子と比べて体や精神の発達が早くできているようです。その分キャリアのスタートも、早めるのがいい。飛び級制を導入し、働きたい女性は15歳くらいで大学に入り、18歳からキャリアをスタートさせたら、懸命に仕事に邁進《まいしん》できる期間が確保できます。ある程度キャリア構築にメドがついたところで結婚と向き合おうかという気になっても、まだ十分に時間はあるでしょう。キャリアも30歳の時点で10年選手以上になっていれば相当いいところまで到達できることでしょう。

今は一部の国立大学などで飛び級の制度が導入されているようですが、女性枠も同時に作ったらいいと思います。女性が子どもを産みやすくするためにもいい試みだと思います。

生物として、女の子の発達のほうを早くしているということは、女の子は早く社会に出すべきだという裏返しなのかもしれません。日本の法律では結婚できる年齢が男性18歳、女性16歳なのにも納得できます。昔の人の感覚でそうしたほうがいいとしたのであれば、ある意味正しいですよね。

このように男女の成長に時間差があることと、女性のキャリア構築を守りつつ出産年齢を引き下げるという観点から、女性の飛び級制の導入が実現し広まることを願っています。

おわりに

共稼ぎで子どもを育ててきた、男女共同参画センターの課長さんと話をする機会がありました。

講演の依頼を受け、時間に余裕を持って会場に到着した私に、「早く来ていただいて助かります」とおっしゃるので、講演開始時間ぎりぎりだとストレスになるので、なるべく早くお邪魔するようにしていることをお伝えしました。

「歳をとって仕事が減ると、孫の世話も余裕を持ってできるようになりました」と話すと、課長さんは子どもを保育園に預けていたときは「早く、早くしなさい」ばかり言っていたような気がすると反省されていました。

私が保育園でよく耳にするのも、始業時間の迫ったパパやママから出る「早く、早くしなさい」という言葉。ミシマ社から発刊されている絵本『はやくはやくっていわないで』（作／益田ミリ・絵／平澤一平）は、まさにいつも「早く、早く」と言われている子どもたちの気持ちを代弁したような作品です。

子育て中の若い夫婦、サラリーマンの共稼ぎの夫婦にとって、子どもの世話以上に大変なのが、時間の調整です。職場が遠ければ朝7時台に子どもを保育園に預けても、会社に着くのは始業時間ぎりぎりになります。だから、子どもに「早く、早くしなさい」という言葉を連発してしまうのです。夜7時頃まで預かってもらえるとはいえ、お迎え時間を気にしながら仕事をしなければなりません。順調に事が進んでも時間のやりくりが大変なうえに、朝に子どもの体温を測ると38度だったとか、夕方に急な会議やアポイントが入ったとか、自分ではコントロールできないことが日々起こり、ストレスはたまる一方です。

共稼ぎ夫婦の子育ての苦労は時間との闘いです。ろくに子育てをしてこなかった私ですが、研修医時代に3人の娘の世話をした経験から、急な予定が入るのが一番きついと感じています。自分の自由な時間なら、子どもが泣こうが、おもらしをしようが何とかなるのですが、この〝自分の時間〟さえコントロールできないのが医療の現場です。24時間いつ急病人が運び込まれてくるか予想できないし、安定しているはずの入院患者さんの容体が突然悪化するなんてことも珍しくありません。命がかかっているのですから、逃げ出すわけにもいきません。当時はポケベルしかなかったので、（大阪から）遥か三重県の大学にいる妻と暗号でやり取りし合って対応し、子守りのおばちゃんや日勤明けの看護師さんにも手伝ってもらいながら、何とか乗り切りました。妻の努力は大変なものだったに違いありません。

一方、定年後男性の一番の悩みは「有り余る時間をどのように使うか？」ということです。私の患者さんで、あまりにもやることがなく「朝起きるのが怖い」と言う方がいます。「寝るまでの14～15時間をどう過ごすか」と考えるだけで憂鬱だと言うのです。無限に時間が使えるのなら、ぜひ、孫の世話をしてみてください。孫が階段をゆっくり上っても、靴下をうまくはけなくても、「早く、早くしなさい」と言う必要はありません。孫の気がすむまで見守ることができます。

そして、こんなふうに世話をしていると、孫の成長も早まるような気がします。私の孫は12月生まれなのですが、同学年の4月生まれの子どもより、なんでもこなすと先生がびっくりされています。たぶん時間に余裕のある私が、できるだけ好きなようにさせていたからかもしれません。その孫の口癖は「自分で。自分で」で、何でも自分でやらないと気がすまない。急いでいるときは少々面倒でもありますが、自主性が育ってよいと思っています。何よりも、孫の成長をつぶさに見ることができるのは、面白いものです。久しぶりに孫に会って「成長の速さに驚いた」という話はよく聞きますが、毎日接していても「もうこんなことができるのか!」と驚くことが多く、日々、乳幼児の成長の速さを実感しています。

お孫さんがいらっしゃらない方には、保育園のボランティアなどで子育てを経験されることをおすすめします。子育てはマニュアルどおりにいかず、どんな過酷な仕事より大変ですが、自分が健康的な生活を送れるだけでなく、日本が抱えている問題のひとつを解決できる貴重な仕事です。この本では私の〝ええ加減な〟子育て術を紹介しましたが、物足りない方はほかの育児書も参考にしつつ、とりあえず一日1時間くらいから「育じい」を始めてみてください。

２０１６年６月

石蔵文信

石蔵文信　いしくら・ふみのぶ

1955年、京都府生まれ。循環器科専門医。大阪樟蔭女子大学健康栄養学部教授。三重大学医学部卒業。国立循環器病研究センター、大阪警察病院などで勤務後、大阪大学大学院医学系研究科保健学専攻准教授を経て、現職。中高年男性に多いメンタル疾患と生活習慣病などを「男性更年期障害」として診察するための外来を、大阪、東京で持つ。「男性更年期障害」の治療に効果があるとして、男性が料理をすることを推奨し、不定期で料理教室を開催している。著書に『60歳からの超入門書　男のええ加減料理』（講談社）、『夫源病　こんなアタシに誰がした』（大阪大学出版会）、『なぜ妻は、夫のやることなすこと気に食わないのか　エイリアン妻と共生するための15の戦略』（幻冬舎）など多数。

ブックデザイン　三木俊一＋守屋 圭（文京図案室）
イラスト　仲島綾乃
編集協力　松田 恵

お医者《いしゃ》さんが実践《じっせん》している孫育《まごそだ》て術《じゅつ》
なるほど！　育《いく》じい道《どう》

2016年6月23日　第1刷発行

著者　石蔵文信《いしくらふみのぶ》

発行者　鈴木 哲
発行所　株式会社　講談社
〒112-8001　東京都文京区音羽2-12-21
編集　03-5395-3527
販売　03-5395-3606
業務　03-5395-3615
印刷所　慶昌堂印刷株式会社
製本所　株式会社国宝社

ISBN978-4-06-220095-0